明朝热搜榜

旭日初升卷 →

黄荣郎 著

中国法制出版社
CHINA LEGAL PUBLISHING HOUSE

序 言

次偶然的机会，和朋友谈到他几年前去参观大英博物馆，刚好碰到馆中正在做 "Ming: 50 years that changed China"（明：盛世皇朝 50 年）的特展。令他惊讶的倒不是珍贵的珍宝文物，而是一些外国友人对明代文化及历史的看法。这些人或许不是有学术底子的中国史学者，但对明代却普遍有一个矛盾的印象：一方面，在艺术与文化上，他们认为这是一个繁华的黄金时代，其中尤以花瓶及书画最令他们着迷；但另一方面，他们却又鄙夷地认为这个中国与欧洲互相发现的时期，是中国陷入衰弱和落后的开端。虽然细问他们也说不出明朝到底是哪里腐败或是强大，甚至连那时的中国人是不是留辫子都搞不清楚，但这却实实在在就是很多西方人眼中的大明。

的确，从艺术成就方面来说，明代比之文艺复兴时的西方可说是毫不逊色，正值顶峰的青花瓷、造型简约完美的明式家具、趋于成熟的篆刻艺术、淡雅清新的吴门绘画、精彩绝伦的章回小说，都证明了这是一个非凡的朝代。但从政治方面来看，厂卫横行、权宦乱政、滥施廷杖、政党恶斗，以及皇帝不可思议的统治方式，都让这个以光明为名的一等一大国难逃恶名。

《明朝热搜榜》完整呈现明朝这两百多年间的光与影。从公元一三五一年红巾军揭竿开始，借由一则则新闻，再现朱元璋如何在群雄逐鹿的生死竞赛中脱颖而出以及一个新兴王朝如何重新建构国家体制，透视明太祖对工作的狂热与执着以及对功臣的残酷与无情；展现建文削藩所引发的冲突现场以及燕王靖难所带来的肃杀血腥。对大明五征漠北、七下西洋，以及三杨辅政、仁宣盛世的荣景，我们感到赞叹；对朱氏王朝诛尽十族、瓜蔓连抄，以及王振擅权、土木兵败的黑暗，我们也感到悲凄。我们能感受夺门换主的惊险与后宫争斗的毒辣，体验上百官员罚跪受杖的震撼及锦衣爪牙织罪施刑的恐怖，领略正德嬉游玩闹的荒唐和万历堆积奏疏的本事，见识嘉靖皇帝威柄在御的统治手段与权珰重臣翻天覆地的政治伎俩。本书内容截止到公元一六二五年，这一年并非大明王朝的终点，而是因为我们将一六二六年皇太极登上后金汗国的大汗之位当成《清朝热搜榜》的开端。大明在这以后的叙述，都已经并入《清朝热搜榜》之中，读者在看完本册之后可以接续阅览，不会有衔接上的问题。

除了经典必读的重要事件外，这套书还特别收录了"明教""奇皇后""郑和""豹房""廷杖""雅贿"等专题报道和名词解释来增加阅读的深度。同时也在相对应的时间点上，切入一些重要国际事件，以便和逐渐产生碰撞的西方历史接轨。另外还从史籍记载中选录了不少奇闻，让读者也能轻松地介入当时人们的八卦话题。

本系列以一则则新闻呈现的方式，带领读者穿越时空。在幽默生动的短文牵引下，从枯燥的典籍中脱离，建构出历史的原貌。虽然使用了较为轻松的描述手法来呈现，但还是秉持着根据史实做考据的精神，以《明实录》及《明通鉴》作为最主要的参考时间轴，将原始事件还原到它真实的年份。本系列不但可以当成增加阅读范围的历史入门书籍，也可以当成学生的历史参考书，让你不会有在朋友或同学面前将小说内容误当史实的糗事发生。此外，我也亲手绘制了数百张漫画式插图，来加深读者对相关事件的印象，让读者不用再死背历史。在每一年的版头，都清楚地标注了事件发生的年代，但涉及月、日的部分，为了与古籍记载相符，都采用阴历，以免读者产生混淆，不便之处，还请读者见谅。在各代皇帝名字后面的庙号，其实是要等到人死了之后才会给的，只是为了方便读者在熟悉的传统人物印象与本书角色之间切换，才特别以括号注记。书中出现的职官名称，也做了解释，以使读者更容易地了解其意义。为了方便查考及检索，本书的最后也依年份制作了"热搜事件榜单"，可以快速且轻松地找到想要搜寻的历史事件。

在各种媒体上，时常可以听到成功人士发表演讲，现场总是座无虚席，大家无非是想从他们口中吸取更多的决策经验、探知更多的发展趋势，希望能将成功法则套用到自己身上。其实我一直觉得，当书中千百年前发生的故事不只是故事，而是成为可以影响我们思考、改变我们命运的锦囊时，一本书的真正价值将远远高于封底上所标示的价格。当书中的文句串起新时代中国人与古老中国的历史情感，让两岸同胞都能以同一面镜子为借鉴的话，那一本书的真正重量也就不止于掌上感受到的重量。感谢中国法制出版社的编辑们在出版过程中给予的包容以及协助，让本书的出版能为两岸历史文化交流做出小小的贡献。更谢谢一路陪着我的读者们，以及首次翻阅拙著的新朋友，愿意在这么繁忙的生活中，拨出点时间来听我说说故事。

不管这个时代的我们身处何处，数千年同源同种的历史文化，却是中华儿女共同的根与骄傲。很荣幸这次能与中国法制出版社合作，将这套书献给大家，让两岸的读者，尤其是新时代的青少年朋友，都能对我们自己的先祖及历史有更进一步的认识及兴趣。也真心企盼，挑灯埋首于书堆中创作的我能为中华历史文化的绵延尽绵薄之力。

目 录

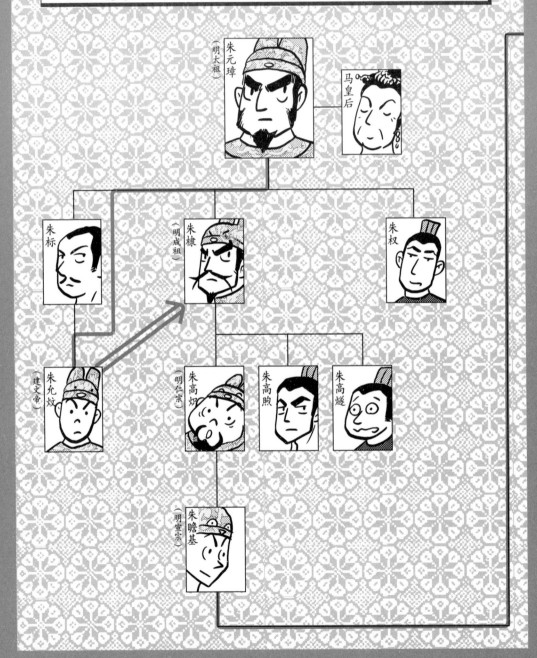

皇族世系表（部分）·大明

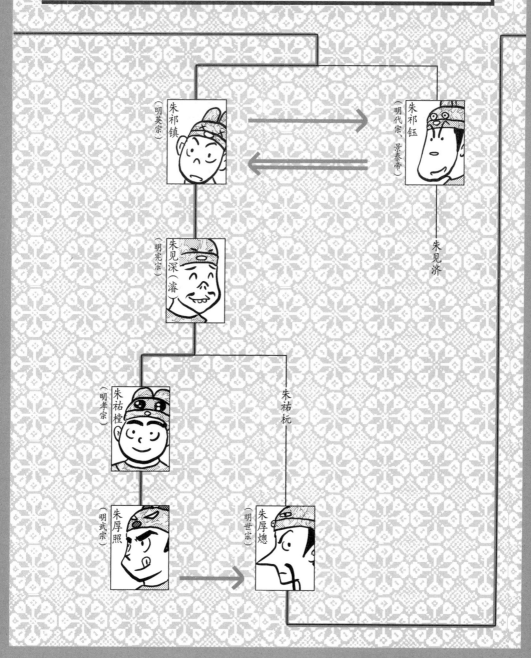

皇族世系表（部分）·大明

朱祁镇（明英宗）

朱祁钰（明代宗、景泰帝）

朱见济

朱见深（濬）（明宪宗）

朱祐樘（明孝宗）

朱祐杬

朱厚照（明武宗）

朱厚熜（明世宗）

重要登场人物·大明

重要登场人物·大明

重要登场人物·大明

张钦　门达　陈钺　张鹤龄　张延龄　张彩

杨廷和　严嵩　夏言　徐阶　张居正　张璁

王守仁　汪直　徐有贞　曹吉祥　石亨　朱赓

沈鲤　杨涟　左光斗　冯恩　杨爵　周天佐

浦鋐　杨继盛　梁芳　尚铭　李孜省　继晓

赵文华　胡宗宪　吴中行　赵用贤　艾穆　邹元标

重要登场人物·大明

 沈思孝
 顾宪成
 桂萼
 冯保
 郑贵妃
 海瑞

 严世蕃
 魏忠贤
 客氏
 熊廷弼
 孙承宗
 王化贞

 杨镐
 李如松
 戚继光
 仇鸾
 李选侍
 梁永

重要登场人物·元系

 妥懽帖睦尔（元惠宗）（元顺帝）
 爱猷识理达腊（元昭宗）
 察罕帖木儿
 扩廓帖木儿
 脱脱
 博罗帖木儿

 阿鲁台
陈友定

重要登场人物·其他阵营

 韩林儿（小明王）

 刘福通

 徐寿辉

 张士诚

 陈友谅

 方国珍

 郭子兴

 孙德崖

 彭莹玉

 倪文俊

 赵普胜

 彭大

 赵均用

 明升

 郭天爵

 陈季扩

 黎利

 思任发

 陈祖义

 简定

 锡兰王

 也先

 小王子

 三娘子

 努尔哈赤

 皇太极

 印加国王

 丰臣秀吉

 哥伦布

 麦哲伦

利玛窦

第一章

明王出世 红巾起义

（公元一三五一年～一三六七年）

本章大事件

▶ 天灾不断
政局不稳
灾区民怨已达极限
大元王朝摇摇欲坠

▶ 红巾军遍地开花
徐寿辉建国天完

▶ 贾鲁病死濠州解围
彭赵二人反客为主

▶ 濠州城自封二王
朱元璋另谋发展

公元一三五一年　**公元一三五二年**　**公元一三五三年**　**公元一三五四年**

▶ 官军轻敌遭逆转
更换统帅再出发

▶ 脱脱大破芝麻李
贾鲁兵围濠州城

▶ 朱元璋智取驴牌寨
李善长军门任幕僚

▶ 先兵后礼
朱元璋施展两面手腕

▶ 朱元璋再夺和州
确立军中领导地位

▶ 红巾内讧
郭孙火并
朱元璋被挟安然脱险

▶ 徐达奋力夺常州
吴公坐镇破宁国

▶ 明玉珍辟土四川
北伐军包围汴梁

公元一三五五年　**公元一三五六年**　**公元一三五七年**　**公元一三五八年**

▶ 降兵当作亲卫队
元璋大胆稳军心

▶ 和州红巾再克集庆
改名应天定为根基

▶ 斩首级顺流漂筏
李文忠心战败敌

▶ 红巾军直逼大都
小明王迁都汴梁

- 察罕帖木儿发神威
  刘福通携王丢汴梁
- 杀同僚挟皇帝
  陈友谅江州称汉王

- 山东红巾丢济南
  孤城益都势危急
- 名号响亮
  常遇春不战而胜

公元一三五九年 **公元一三六〇年** **公元一三六一年** **公元一三六二年**

- 陈友谅弑主登极
  明玉珍陇蜀称王
- 康茂才诈降诱敌进
  陈友谅中计遭重挫

- 高官显爵招安
  朱元璋拒受领
- 王保保大破益都
  血淋淋挖心祭父
- 风起旗落
  朱元璋逃过死劫
  东窗事发
  邵荣谋叛逆处死

- 大都督被控异心
  朱文正忽遭罢官
- 王子大演复仇记
  博罗帖木儿惨死
- 扩廓受封河南王
  总制兵马肃江淮

- 陈友谅巨舰乘虚入
  六十万汉军袭洪都
- 陈友谅死于流箭
  朱元璋大获全胜

公元一三六三年 **公元一三六四年** **公元一三六五年** **公元一三六六年**

- 西吴改革兵政
  卫所制度成形
- 皇太子争权失利
  博罗元廷得势

- 东吴两翼遭剪除
  大军围困张士诚
- 四川明夏幼主继位
  内讧斗争前途堪忧

- 平江兵败
  张士诚自缢获救
  押送应天
  东吴王绝食不屈
- 三劝让 终点头
  朱元璋将即皇帝位

公元一三六七年

3

天灾不断　政局不稳

灾区民怨已达极限

由蒙古人建立的庞大国家，在忽必烈（元世祖）驾崩、结束了长期而强力的统治之后，开始摇摇欲坠，他的后继者们忙于争夺皇位，不断发生冲突及恶斗。这些因为自身利益而集结成的小团体，一再借着政变、暗杀等手段来巩固政治权力，不仅许多官员被斗倒，连皇帝也难逃被篡位的命运，甚至在忽必烈之后许多皇帝的在位时间，也都短得只有几年而已。加上近年来黄河改道，先是摧毁了山东

大元王朝摇摇欲坠

部分地区的堤防，接着又重新冲刷出一条入海的新河道。而气候的急剧变化，则是让河南、安徽北部，以及江苏等地先出现严重的干旱问题，随后骤降的大雨又演变成洪水泛滥，连大运河也失去了原有的功能。评论家表示，天灾人祸接连不断，已经把灾区人民的忍耐力逼到了极限。中央政府如果不能及时提出有效的解决方法，只怕百姓的怒火就将被点燃，而迅速蔓延到全国了。

政府疯狂印钞 百姓苦不堪言

一般说来，小至个人，大至国家，当在财务上遇到困难时的解决方法，无非就是尽可能地增加收入（开源）或者减少支出（节流）。但元政府却有着更天才的做法，那就是直接狂印钞票，把财务困境转嫁到百姓身上。但政府毫无节制疯狂印钞的结果，却引发了严重的通货膨胀，一时之间，物价已经飙涨了十倍之多。现在，就算有钞票扔在地上，行人也懒得弯腰去捡，整个国家财政迅速恶化，经济已经濒临崩溃边缘。若要挑选年度代表字的话，应该就只有"苦"这个字可以反映人民的生活了。

过量发行的钞票变得没价值，就算掉在地上行人也懒得捡

【专题报道】元朝的等级制度

元朝自入主中原以后，鉴于蒙古人与汉人人数的比例极不平均，当时汉人的文化水平也比蒙古人优越，所以为了保护蒙古人的地位，政府便将全体百姓分为蒙古、色目、汉人、南人四个等级，每一个等级也都享有不同的权利和义务。虽然这个等级制度并没有经过正式的官方公告，但在朝廷颁布的许多政策及法令规定中，却划分得十分明确。其中最高等的当然就是蒙古贵族，他们把持了中央到地方所有重要官职以及特殊权益；其次是来自中亚、西域等地的色目，也因其一向善于理财而得到重用，故享有一定程度的权力；第三阶层的汉人，也就是北方的汉人以及契丹、女真、高丽等族群的人，经常受到打压，几乎没有可以参与政治的机会；而原本南宋境内的百姓则被称为南人，是最没有权利，却必须承担最多不合理义务的可怜族群，甚至连结社、集会、集体拜神都被禁止。同时在司法上，也存在这种等级之分，汉人要是不小心打死了蒙古人，二话不说，非得偿命不可。但如果反过来是蒙古人意外打死汉人的话，就只会被罚随军出征，并缴付死者基本的丧葬烧埋费用而已。

朝廷大力整治黄河 强力动员十七万人

由于黄河泛滥日益严重，在中书右丞相（高级官员）脱脱的坚持之下，中央政府通过了整治黄河故道的重大工程案，并任命水利专家贾鲁为工部尚书兼总治河防使（高级官员）。为了这项计划，脱脱可以说是赌上了他的政治生命，从淮河地区动员二万名士兵，并征调十五万名平民，合力来进行筑堤和挖泥的工程。在贾鲁的指导下，黄河新河道已被固定在山东之北，大运河的疏浚也已完成。不过，

也有资深评论家指出，虽然脱脱的治河行动获得令人振奋的成绩，但潜在的危机也颇令人担心。因为近年来山东、河南、华北一带连年歉收，附近地区早已民不聊生，现在又要再额外负担河道工程的劳务，人民几乎被逼上绝路。加上管理阶层还用各种借口，不断克扣这些民工的工资及伙食，甚至动不动就鞭笞驱使，都使得这十七万人的情绪接近沸腾，随时有引发暴动的可能。

预言实现！天下将反？
民工意外挖出传说独眼石人 ——

被政府强征来整治黄河的十七万民工，因为官员时常借着一点小小的理由克扣工钱，又动辄以鞭打或法办恫吓他们，心里多有不满之意。这一大股的怨气，就在日前挖出一尊石人后整个爆发开来。之前在民夫之间早就流传着一句"石人一只眼，挑动黄河天下反"的顺口溜。而这次在河道上又真的挖出了背上刻着"莫道石人一只眼，此物一出天下反"的独眼石人，

真的像预言说的有独眼石人呢

背面有字写什么？

中国制造

背后刻有天下将反之语句的石人出土之后，立刻引起一阵骚动

不仅当场引来成百成千民工围观，这消息也迅即传遍了各处。据记者深入了解，自称"明王出世"的地方宗教领袖韩山童，已经以宋徽宗第八世孙的身份，用白马黑牛祭天，首先响应了石人之兆，与刘福通等人共同号召对政府已经极度不满的民工，准备大干一场。

韩山童谋乱被捕处死　刘福通掀起红巾狂潮

由于独眼石人出土的消息传播得很快，不仅各地民工、百姓已经陆续躁动，连官府也收到"明王"韩山童等人即将造反的警讯。在某些人的告密之下，地方官随即调来武装部队进行围剿，还在准备阶段的韩山童因反应不及而被逮捕处死，其子韩林儿与母亲趁乱逃出，目前下落不明。不过，反政府暴动的风潮似乎并没有因为韩山童之死而受到影响，其同伙刘福通等人在冲出政府军的包围之后，又重整旗鼓，并成功地拿下了颍州城。目前各地的反政府力量也陆续跟进集结，而且都头绑红巾、竖立红旗，预估这些被称为"红巾军"的总人数已多达十几万。如果政府不能尽快地予以有效压制，这股红色狂潮将会席卷全国，成为元朝开国以来最大的危机。

徐寿辉为了表示要压倒"大元"，特别取了个"天完"的国号

红巾军遍地开花
徐寿辉建国天完

在刘福通所率领的红巾军于北方崛起之后，各地胸怀大志的豪强也纷纷响应，头绑红巾跟着起事。这些统称为红巾军的民间部队，利用元政府一贯放任城墙倾圮也不愿花财力修复的陋习，轻易就拿下了许多州县的城池，并趁着政府军来不及反应之时，迅速扩充实力，接连让官军吃足了苦头。其中，由徐寿辉率领的武装民兵，更是击败了元朝威顺王宽彻不花的正规部队，并于日前在蕲州正式建国，以"治平"为年号，拥护徐寿辉称帝。有趣的是，徐寿辉将国号定为"天完"，就是在"大"的上头加个"一"，"元"的上头加个"宀"，表示强压"大元"，也算是很有创意了。

地方自组卫队对抗红巾
官军调集重兵展开反击

这几十年来，原本大元引以为傲的军事力量，已经迅速地衰弱，再加上战斗力较强的蒙古军团及禁卫部队都部署在比较靠近京师的北方地区，使得华中、华南一带出现防线上的漏洞，让红巾军可以在短时间之内蹿起，并造成极大的震撼。这些红巾军口喊"推翻蒙古暴政"，但有的红巾军实际上比蒙古兵还要残暴，所以目前许多动乱区域的地方领袖，为了保护自家的生命和财产，也都纷纷自组民兵部队、加强防御工事，以便能够和那些跟强盗没两样的红巾军相抗衡。另外，之前一直被压着打的政府军，最近似乎也开始强硬起来，在调集十几万兵马之后，已经对刘福通的北路红巾军展开反击。

7

年度热搜榜

徐州芝麻李 濠州郭子兴
各军阀陆续出头 朱元璋投身濠州

自去年（一三五一年）独眼石人出土之后，各地红巾军的武装起义便如火如荼般展开，并在各地都大有斩获。其中除了势力最为红火的刘福通，以及最早称帝的徐寿辉之外，还有一些部队的发展动向也值得注意。首先是在徐州起事的芝麻李集团，其阵营中的彭大、赵均用等部将，在战斗初期让政府军吃足了苦头，可说是各路红巾军中名号响当当的人物。其次是由濠州当地的土豪郭子兴与孙德崖等人所掌控的部队，也已经取得了第一阶段的胜利，成为割据一方的霸主。不过，记者深入濠州城观察这支部队之后，发现两位领导人之间谁也不服谁，存在非常严重的分裂问题，

不是要采访我吗？为什么你成了主角？

郭子兴麾下的朱元璋表现抢眼

这可能使得日后的发展受到极大的限制。倒是在濠州的红巾军中，有一名叫作朱元璋的小队长表现得令人印象深刻，在极短的时间之内便因军功而快速升迁，随后更展现过人的领导才能，并深得郭子兴的欣赏，郭还将养女马氏许配给他。或许在不久之后，他将会成为红巾军的一颗新星。

官军轻敌遭逆转 更换统帅再出发

在去年（一三五一年）底政府军展开反击，并成功夺回汝宁之后，又接连获得几次胜仗，把北路红巾军打得灰头土脸。但北路红巾军领导人刘福通并没有因此而被击倒，反而利用官军轻敌之际，派兵偷袭驻扎于汝宁沙河岸边的政府军。之后这个策略果然奏效，再度反转了战局，导致大元正规军团遭到严重挫败，逼得政府只好立即更换统帅。据来自政府军高层的消息指出，新的统帅已经决定改变战略，不再将大军全数耗在北方战场上，而是准备分兵对江苏、湖北等地的红巾军展开攻击，各个击破。

地方民兵自卫队成为潜藏危机

除了依托宗教，以"明王出世"为号召的红巾军武装起义行动之外，最近在各地引起骚乱的还有另外两种形式的武装。其一是与宗教信仰毫无瓜葛的地方投机分子，他们看准了时势纷乱，政府军已无力控制全局，借着官军围剿红巾军的时机起兵作乱，试图浑水摸鱼。其二是地方乡绅在政府的许可下，组织起来反抗红巾军的私人民兵部队。军事评论家表示，在这两种地方武装之中，投机分子通常因为眼光短浅且欠缺组织能力，所以极容易扑灭。反倒是被政府称为"义军"的各地方民兵自卫队，因为有着政府的保护伞，所以极可能发展到最后，变成军阀割据，使国家四分五裂。

脱脱大破芝麻李 贾鲁兵围濠州城

今年入秋之后，丞相（高级官员）脱脱亲率大军，以优势兵力攻破了徐州，当地红巾军的领导人芝麻李兵败身亡，其部将彭大、赵均用则在慌乱中率领残存兵士投奔濠州。之后，脱脱便命贾鲁领兵进围濠州，准备一举将南方红巾军的势力连根拔除。目前由郭子兴、孙德崖所统领的濠州红巾军，虽然仍在据城坚守当中，但面对敌军强大的压力，随时都有被攻陷的可能。而在这一段时间内，徐寿辉已经利用官军主力被牵制住的机会，在湖北、江西、安徽、浙江等地，快速地扩张了自己的地盘。

元丞相脱脱亲自领军，大破徐州芝麻李的红巾军部队

十八名盐工热血起事 张士诚高邮建国大周

小张，给我一斤盐！

大婶！
我现在已经当王了……
要买盐去找小李啦……

盐贩出身的张士诚凭着热血创建了大周国

继徐寿辉集团宣布建国之后，在江苏一带，不久前又有个叫作"大周"的新兴国家诞生。只不过这个国家管辖的范围并不太大，目前就只有高邮城及其邻近的地区而已。根据记者所得到的第一手资料显示，这个集团的领导人张士诚，原本只是个在泰州以操舟贩盐为生的小盐贩子。因为在平时受尽了乡绅富户、衙门差役的欺负与凌辱，所以对时局早就心生不满之意。在刘福通起事成功之后，他的雄心壮志也受到了鼓舞，于是便秘密召集了十七位满腔热血的弟兄，准备起义。聚义之后，这十八人摸进平时危害乡里的一个巡盐衙役家中，把这个恶棍杀死。接着又趁着热血尚未降温，直接闯入当地的富豪家中，撬开仓库，把里面的粮食和钱财全部搬出来分给了附近的穷苦民众，最后再一把火把整座豪宅给烧个精光。这个令人振奋的消息传开之后，附近饱受欺凌的盐工以及衣食不周的百姓全跑来加入他们的行列。他们公推张士诚为首领，挟着惊人的气势，一举夺下了泰州的控制权。高邮知府（地方行政长官）李齐一见事态严重，立刻派人前往安抚。一开始，张士诚为了防止遭到官军全力追剿，所以就先假意接受了招降，但不久后又抓准时机杀掉监视他们的官员参政赵琏。张士诚攻陷了兴化，又对附近地区发动了武装攻击，在德胜湖扎下营寨时，更已集结成一万多人的部队。羽翼渐丰的张士诚，这时便连政府送来的"万户"（军事指挥官）委任状也不看在眼里了。他不但以官位太小而直接回绝，还设计杀害了知府李齐，并占据了高邮城作为根据地，自称为"诚王"，建元"天祐"，开始积极地向外扩张。

贾鲁病死濠州解围　彭赵二人反客为主

彭大、赵均用进入濠州城后，意外被郭子兴及孙德崖捧做领导层，大有反客为主的架势

　　原本已经被围困到快要撑不下去的濠州红巾军，怎么也没想到政府军会主动撤围，让他们得以逃过一劫。战局会有如此大的变动，竟是因为敌军主将贾鲁于日前意外病死，使围城部队在失去指挥官的状况下，只好仓促取消这一次军事行动。而之前在徐州惨遭官军击溃，前来投奔的彭大及赵均用，却也因此意外地被奉为上宾。原来，在外患解除了之后，濠州领导人郭子兴、孙德崖之间的关系又开始趋于紧张。为了互相牵制并增加自己阵营的声势，这两个彼此敌视的将领，竟然不约而同地把在红巾军中已经小有名气的彭大、赵均用给捧上来。一开始只是想要逃避官军追击，讨个栖身之地的彭、赵二人，就这样莫名其妙地进入了濠州的领导层。更可笑的是，依目前的情势来看，彭大与赵均用在城中的影响力与日俱增，风头已经压过了郭、孙二人，想必这时郭子兴及孙德崖一定对自己当初引狼入室的愚蠢行为感到懊悔不已吧。

布袋和尚彭莹玉壮烈战死
天完皇帝徐寿辉伺机再起

在红巾军初起之时，一直处于挨打地位的官军，在朝廷下令调集了数省的军队，针对各地义军展开围剿之后，情势逐渐出现反转。曾经风光一时，号称要压倒"大元"的天完政权，日前遭到政府军重兵剿杀。不但集团中的重要领导人，素有头号猛将之称的"彭和尚"彭莹玉战死，连国都蕲州也被攻破，死守的四百余名将士全部壮烈牺牲。而徐寿辉本人则是率领残存部队退到黄梅附近，暂时挡住了政府军的攻势。目前正在重整旗鼓，流散各地的兵士也陆续回归，似乎还不打算就此倒下，大有准备伺机再起的态势。只不过，原本已经建国定都的天完军，这下子又变成在湖北乡间流窜的部队了。

私人招募武装民兵
新式官军表现不俗

军事评论家表示，最近在多场战役中表现不俗，屡屡击败各路红巾军的官方劲旅，其实大部分都不是政府编制下的正规军，而是由地主或官员私自招募的民兵部队。这些部队的招募者及指挥官，虽然大多是久居中国内陆的蒙古人或色目人，但在第一线作战的兵士，则主要是由应募而来的汉人佣兵所组成的。这些兵士根本不在乎打的对象是谁，反正只要拿得到薪饷就行了。当然，如果能在战场上阵杀敌的话那就更好不过了，因为还可以再多领取额外的奖金。至于这些民兵部队的指挥官，如果打了胜仗便可以接受大元政府的封赏，万一打败仗的时候，也不必像正职军官一样受到朝廷的处罚。所以这种新形态的政府军打起仗来，就比编制中的官军要灵活得多，也更加有效率了。

濠州城自封二王
朱元璋另谋发展

在濠州意外受到郭、孙阵营拥护的彭大及赵均用，不但逐渐取得城中红巾军的领导权，还狂妄地对外自称"鲁淮王"及"永义王"。由于两人的领导风格十分霸道，完全不把郭子兴、孙德崖以及他们的部将放在眼里，所以在集团内部再一次爆发了危机。虽然郭子兴选择忍气吞声，但他的爱将朱元璋可不这么想。朱元璋通过这段时间的观察之后，领悟到自己如果继续待在这样的环境之下，将来一定不可能有什么作为。于是他为了脱身，便主动归还了原来所率领的部队，然后只带着二十四名生死伙伴，以外出募兵为名，离开了濠州城，另谋发展。

朱元璋率领二十四位弟兄重新出发，在几次行动之后，便已掌控了数万兵马

朱元璋智取驴牌寨　李善长军门任幕僚

　　不久前带着儿时好友徐达、汤和等二十四名心腹，离开了濠州城准备另起炉灶的朱元璋，在招募到第一批为数几百人的士兵之后，便展现出自己的军事长才，很快就拿下定远并在此地落了脚。接着，又以提供粮草为饵，诱出邻近的驴牌寨寨主，然后设计将其擒获，成功地把寨中的三千名兵士招到了自己的手下。有了这支兵力之后，他便又把目标瞄准驻于横涧山、属于元军系统的一支民兵部队。不过由于敌军有数万兵马，自然不是正面对决能够取胜的，所以这次朱元璋便派出手下猛将花云，以夜袭的方式，顺利地击破了敌军大营，还生擒了敌军主帅缪大亨。在一番游说之后，缪大亨答应带着所有兵士归降，而朱元璋则从降卒之中，挑选了二万名精兵编入自己的部队。经此一役，朱元璋的声势大涨，成为红巾军群雄中不可忽视的重要角色。至于朱元璋原先一直担心身边只有勇将缺乏谋士的问题，也在此时得到了解决。有一个叫李善长的定远文士，主动来他的军帐前求见，两人在促膝长谈之后，对于未来的发展方向有高度的共识。于是朱元璋便将此人留在身边，出任幕僚。

张士诚大摆元廷一道

元政府发觉张士诚集团的势力有日益壮大之势，便从扬州调来重兵加以征讨，但是由于现在的官军战斗力已大不如前，所以这次的行动并未能收到预期的效果。于是朝廷只好改剿为抚，派使者开出优渥的条件，打算以高官显爵来收买他。而张士诚则是热情地招待了使臣，不但让他们觉得宾至如归，还表现出认真考虑且极有可能接受招抚的样子。但就在使臣觉得一切都将搞定，快要可以回去复命领赏的时候，张士诚却很残酷地把他们给杀了。其实，张士诚倒也不是第一次这样摇摆不定，他摆出的态度总是模棱两可，让朝廷完全摸不着头脑。眼看情势不利于己，就说有投诚之心，当情势转成对自己有利时，便又毫不犹豫地把朝廷一脚踢开。或许，哪一天张士诚又忽然说要接受政府的招抚，也不是不可能的事。

张士诚拒绝了元廷的招抚，还把使者给耍了一顿

郭岳丈改投滁州 朱女婿奉上军权

朱元璋在得到两万精锐部队之后，便开始施以严格的训练，然后在今年七月的时候，以花云为先锋，一举夺下了滁州。从脱离濠州开始便四处漂泊的朱元璋，到这个时候才总算是有了自己的根据地，不再需要寄人篱下。但是还留在濠州的郭子兴就没有这么好过了，赵均用等人一直想要谋害他，要不是之前朱元璋曾经冒险相救，后来又以军事实力作为后盾恫吓赵均用等人，只怕郭子兴早已死在濠州城中了。现在，爱将朱元璋建立了地盘，于是郭子兴便率领着麾下的一万兵马，前往滁州与他会合。虽然滁州是朱元璋独力拿下的，但由于郭子兴是提拔他的大恩人兼岳丈，所以朱元璋便立即把一切军权都交给郭子兴，自己仍旧只是听命行事。

脱脱重兵围困　高邮城破在即

不知道是张士诚杀害使臣的举动真的激怒了朝廷，还是政府早就想拿他来开刀，由中书右丞相脱脱所亲自率领的大军，对张士诚的根据地高邮发动了全面围攻。脱脱先是在城下多次击败张士诚的部队，又派出分遣队扫荡邻近地区以斩断其羽翼，迫使张士诚只能坐困孤城而无计可施。依目前的情势来看，对政府军最有利的作战方式，就是把张士诚的兵马围在城中活活饿死，而当今朝廷中被评为最有能力的脱脱，也确实这样做了。军事评论家表示，以各项客观条件来看，张士诚绝对撑不了多久，到时如果不是开城献降，就是与敌人力战到底，然后全军覆没。也正由于脱脱亲自出马之后，官军军威大盛，而且许多地主自组的武装民兵也相继加入政府军的行列，使得各地的反抗势力陷入了前所未有的低潮。

先兵后礼
朱元璋施展两面手腕

由于政府军强攻在六合的濠州红巾军，使得已经快撑不下去的赵均用等人，紧急向在滁州的朱元璋请求支援。但郭子兴因为之前曾被赵均用、孙德崖绑架并毒打，还差点送了性命，所以当然不同意发兵去救援这些他早已恨之入骨的仇人。不过，军事嗅觉一向敏锐的朱元璋，对此却有不同的看法。他认为六合与滁州两地可说是唇齿相依，如果现在因为个人恩怨而不去救援的话，那么等到六合沦陷，下一个倒霉的可就是自己了。他在努力地说服了郭子兴之后，便亲自率领精锐兵士前往营救。一向能征善战的朱元璋，果然一出手就不同凡响，不但顺利地击退了官军，还掳获了不少敌军的兵马。但令人感到意外的是，事后朱元璋竟然将这些俘虏全都放了回去，并派人带着许多牛羊美酒到官军大营去犒劳，表示自己其实无意对抗元军，出兵仅是自保而已。资深分析师表示，朱元璋这样的行动，意在降低官军对他的敌意，以减轻自己的压力。而政府军方面确实也因此研判朱元璋有接受招抚的可能，虽然没有明确表示将不再针对他讨伐，但也释出善意的回应，下令撤走了。

15

脱脱下台 张士诚不战而胜

就在中书右丞相脱脱兵围张士诚，高邮濒临城破的关键时刻，竟然发生了令人意想不到的重大转折。那些脱脱在朝廷中的政敌，抓住他只围困高邮而没有采取强攻的理由，对他以延误军机的罪名进行诬陷弹劾，使得朝廷下令将其罢黜。据闻，当脱脱收到被免除所有职务的诏令时，部属们曾经力劝他干脆脱离朝廷的控制，坐拥百万雄兵，自立为王。但脱脱在深思之后，还是不愿意背上叛国的骂名，选择了含泪服从皇帝的命令。只是这个消息一传开，原本胜利在即的百万大军竟顿时溃散。反倒让已经穷途末路的张士诚捡了便宜，意外地不战而胜。看来政府高层因为内斗，导致脱脱黯然下台，让原本极有可能在剿灭张士诚后，再扫平各路红巾军的机会消逝了。

义军当红 察罕帖木儿迅速崛起

在各地红巾军与元军进行激烈对抗的同时，还有着另一股不容忽视的力量，那就是各地的乡绅豪强为了保障自身的权益，而自行组织训练的民兵部队。原本就受到蒙古贵族及色目人拉拢而享有部分特权的北方地主，此时也纷纷打出了"保元"的旗号，以雄厚的武装实力，企图在协助政府消灭红巾军之后，乘机扩大自己的势力或是取得更多的政治利益和特权。目前，这些被政府称为"义军"的民兵部队中，在北方实力最强的有察罕帖木儿及李思齐的地主自卫队，以及元将答失八都鲁所招募的民兵团；在南方战线上，福建的陈友定与广东的何真，也都对红巾军形成了不可小觑的压制力量。军事专家指出，在元朝正规军与红巾军作战节节失利的同时，义军很可能成为在接下来的战局中，与红巾军相抗衡的主力。但是，这些所谓的"义军"，其实一方面以武力打击红巾军，另一方面又想趁乱壮大自己，所以未来也有可能会为了争夺地盘而彼此交战不休。

年度热搜榜

【元·至正十五年　韩宋·龙凤元年】公元一三五五年

朱元璋再夺和州　确立军中领导地位

在郭子兴带着兵马也来到滁阳之后，由于吃饭的人口一下子变多了，所以城中的粮草渐感不足。于是朱元璋为了解决粮草问题，便在郭子兴的授权下，于日前率兵攻克了和州。但是，一同参与此次行动的部将中，有许多人都是长年跟随郭子兴的。他们在朱元璋还是个小兵时，就已经当上了将军，因此压根儿看不起朱元璋。而朱元璋手里拿了郭子兴给他的全权委任令也不声张，甚至有将领在开会时毫不客气，一屁股坐在比较尊贵的右侧座位，他也不表示什么意见。然后在与会的大伙儿都不知道接下来要如何调度处理时，朱元璋才露一手，井然有序地发落了大小事务。在座的众将领大感惊诧，也才开始对他刮目相看。朱元璋在会中提议加紧修筑城墙，由他自己负责一半的工程，其他所有的将领负责另外一半，并约定在期限内完成任务。当期限到了之后，果然只有朱元璋负责

的部分完成，其余的全做得零零落落的。这时，朱元璋才拿出委任令且坐上大位，表示未能依规定完成进度，依军法是要砍头的，吓得诸将面色惨白。虽然朱元璋最后还是饶过了他们，但已确立了他在军中的领导地位，不会再有人敢不听命于他。于是朱元璋下令诸将必须严格约束士兵，并将掳来的妇女全数送回家，迅即稳定了和州城中的民心。

嗨!

我当部队长时，他只不过是个小兵。

就是嘛，现在居然还想跟我们平起平坐!

在夺得和州之前，同阵营中的将领并不把朱元璋放在眼里

大宋国建元龙凤
小明王红巾共主

刘福通拥立韩林儿建立了龙凤政权

原本已经全面受到压制的红巾军势力，在脱脱下台导致元军瓦解，高邮之战形势逆转后，便又重新活跃起来。北方红巾军的主力刘福通，不但突破了政府军的围剿，从被动挨打转为主动出击，而且找到韩山童之子韩林儿，并将他迎至亳州，以宋徽宗九世孙的身份登基为帝。在刘福通的扶植下，韩林儿以小明王的称号建立了"大宋国"，定"龙凤"为年号，开始整合各路红巾军的力量。评论家表示，在民间有着广大信众的"明教"，就是以"黑暗即将过去，光明就要来到"作为号召，吸引了英雄好汉们头绑红巾投入反政府战斗之中。而刘福通之所以拥立一个小明王，为的就是要迎合"明王出世"的预言，把灵魂人物控制在自己手中，当作号令各路红巾军的王牌。

书生建功 李善长智退元兵

朱元璋在接获十万元军已经控制鸡笼山，并断绝他粮道的消息之后，便毅然决定主动出击，亲自率兵突袭敌军根据地。而元军方面也早就料到朱元璋会出兵袭击鸡笼山，他们抓准时机，反过来对和州发动奇袭，企图在拿下兵力已空的和州城后，再回头夹击朱元璋。虽然朱元璋也想到元军可能会来这么一招，但碍于手上兵力不足，只能留下一小拨人马在城内，要文书幕僚李善长务必坚守待援，等到他夺下鸡笼山便回师相

救。当元军抵达和州之后，便按原计划开始攻城，不过就在打得火热的时候，却不知道从何处冒出一队伏兵。原来李善长料定元军必会来袭，所以早已做了安排，只用小部分兵力守城，其余的留守部队则都先行埋伏在城外的险要之处。结果，元军在完全没有心理准备的状况下惨遭败绩。而朱元璋在成功击垮鸡笼山的敌军，回到和州之后，也对李善长这个书生在军事战略上的表现大为赞赏。

【专题报道】明教

　　"明教"是发源于古波斯王朝的一个宗教，创始人摩尼受到基督教和祆教的影响，宣称自己是继佛祖、耶稣之后的最后一位先知，而在公元三世纪中叶建立了"摩尼教"，后来该教盛行于中亚，到唐朝的时候传入中国。但在唐代宗大历三年（公元七六八年）下令"灭佛"之时，虽然主要针对佛教，但摩尼教也同时受到了重大打击，因而转型为秘密宗教，进而吸收了中国的道教和民间信仰，融合成新的"明教"。在明教的教义之中，认为在创世之初就存在着由"大明尊"所统治的"光明王国"，以及由"黑暗魔王"所统治的"黑暗王国"。主宰着南方的黑暗魔王，在与光明王国不断斗争的同时，还在他那充满硝烟、烈火和飓风的国度中，让恶魔生下了人类的祖先。而慈悲为怀的大明尊为了让人类得以脱离苦难，便派光明使者前来拯救人类的灵魂。而在最终的正邪大战中，大明尊将以"明王"的姿态出世，并赢得最后的胜利，将人类带回光明王国。一直以来，因为明教相信"黑暗即将过去，光明就要来到"，给了生活陷入绝境的广大百姓一线希望，所以当"明王出世"的口号一喊起，马上就能得到群众的支持。这也是当初韩山童要自称"明王"，而现在刘福通又要把韩山童之子韩林儿给抬出来，冠上个小明王称号的原因了。

朱元璋被挟安然脱险

郭子兴的死对头孙德崖，因为粮草逐渐匮乏，不得不带着部队前往和州，请求朱元璋提供粮食接济。为人一向慷慨的朱元璋总认为多一个盟友等于少一个敌人，也就慷慨地迎接孙军进城就食。但之前曾被暗算过的郭子兴可不这么想，当他知道这件事时，便气冲冲地率领他的部队赶来，非要把账算清楚不可。孙德崖闻讯之后，知道以自己现在的力量拼不过郭子兴，只好摸摸鼻子打算带部队离开和州。朱元璋为了避免双方冲突，也好意地替他护送一部分孙军兵士先行。没想到朱元璋前脚才走，郭子兴的部队随即赶到，并在后方与孙军火并起来，还生擒了孙德崖。当这个消息传到前方时，孙德崖部队的将领便也立即挟持了朱元璋当作人质。后来，经过徐达冒险前往交涉，双方同意交换人质，朱元璋才得以安然回归。

嘻！怎样……
我的官还是比你大喔……

郭子兴死后，龙凤政权授予其子郭天叙元帅之职

郭子兴郁闷辞世

次子郭天叙任元帅
女婿朱元璋掌实权

郭子兴在不情愿地放走孙德崖之后，积郁成疾，不久就病逝于滁州。郭子兴死后，虽然次子郭天叙认为自己应该继承父亲的军权（长子郭大舍已战死），但因为大部分将领早已认定朱元璋才是他们的新领导人，所以朱元璋便顺利接管了郭子兴的所有部队，实力可说是更上一层楼。但远在亳州的龙凤政权，却没有弄清楚情势的变化，便以小明王韩林儿的名义，发出了委任状，任命郭天叙为该军团的都元帅（军事指挥官）、郭子兴的妻弟张天祐为右副都元帅，而朱元璋仅为左副都元帅。对于这样的安排，实质上已经是和州红巾军总指挥的朱元璋，当然心中十分不满，但在本身实力不足的考量下，还是决定暂时忍住，继续沿用小明王的龙凤年号，在表面上当个乖宝宝。

朱元璋在攻下太平之前，早已叫李善长写好了约束军士的公告，并在城破之时立即四处张贴

水师来归 朱军团跨过长江
太平城破 禁掳掠出榜安民

当朱元璋的部队夺下和州，并在此驻守了几个月之后，城中的食物供应也渐渐开始吃紧，使得寻求新的粮草来源又成了最急迫的事。而紧靠长江南岸的地区向来盛产稻米，自然成了朱元璋下手目标的首选。和州虽然与太平仅一江之隔，但这对没有水军编制的和州红巾军来说，却是一道难以跨越的障碍。就在朱元璋为了这个问题伤透脑筋时，拥有兵马一万、船舰千余艘的俞通海、廖永安等猛将，竟然主动前来归顺。于是两军合并，以水路强攻采石，最后在常遇春的英勇作战下终于攻克。原本士兵们打算把从采石抢来的粮食及战利品运回和州慢慢享用，但

朱元璋却有着更远大的计划与梦想，那就是摆脱龙凤政权的控制，渡江寻找更有利的据点，然后争雄于天下，于是便下令全军一鼓作气，以无可匹敌的气势夺取了太平。而早在城破之前，朱元璋已事先叫李善长起草了一份约束军士、严禁掳掠的文书，等到一进入城中，就将文书四处张贴通告，并当场斩首了一名扰民的士兵。从此再也没有人敢侵扰民宅，军队不但迅速获得城中百姓的拥戴，连当地的名士也都率众迎接。在成功地安抚人心之后，朱元璋便设置了太平兴国翼元帅府，自任元帅，并任命李善长为元帅府都事（高级官员），开始着手稳固这个新的根据地。

郭张攻集庆被袭身死　朱帅遭怀疑借刀杀人

　　朱元璋虽然夺下了太平，但此时的周围却满是元军。元将曼济哈雅立刻再用大船及重兵封锁采石，截断朱军的粮道。属于元军系统的民兵元帅陈也先，也不甘示弱，率领数万水陆大军兵临城下，企图一举夺回此要冲之地。于是朱元璋正面派出徐达、汤和、邓愈率兵迎战，再派出一支奇兵从后面夹击，将陈也先当场活捉。事后陈也先表示愿意投降，并写信招来他的部队，可是一听说朱元璋要攻打集庆，便又觉得朱元璋一定会失败，而开始萌生反悔之意。朱元璋倒也干脆，他固然爱才，但还是尊重陈也先的选择，决定放他回去。陈也先脱离太平之后，果然又重新召集他的部众，再次回到元军阵营，而且在朱元璋的部队攻打集庆时，袭杀了郭天叙及张天祐。不过，稍后陈也先于追击途中被击杀身亡，余部则改由其侄陈兆先接收。关于郭、张之死，民间也开始流传着所谓的阴谋论，说朱元璋其实早就料到攻城时郭天叙及张天祐会遭到暗算，所以既不事先预防，也不提出警告，就是想要借刀杀人，把这两个官衔压在自己头上的家伙除掉。虽然我们无从查证朱元璋的心里到底是怎么想的，但郭、张二人被杀后，其部队尽归朱元璋所有，而集团中也不再闹分裂却是个事实。

死了啊……那实在是太悲惨了，我一定会替你们报仇的，哈哈哈……

郭天叙与张天祐之死，让朱元璋名正言顺地坐稳了集团内的第一把交椅

刘福通兵败太康　小明王暂避安丰

　　在北方战线，之前刘福通曾于许州、中牟等地先后击败元军，一时声势大振。但到了年底，元军在重新整顿之后，反过来在太康大败刘福通，进而包围其根据地亳州。由于情势十分危急，目前刘福通已带着小明王韩林儿出走，一起逃往安丰避难。

年度热搜榜

【元·至正十六年　韩宋·龙凤二年】公元一三五六年

天完移驾汉阳　大周迁都苏州
徐寿辉遭架空　张士诚陷奢靡

　　自从根据地蕲州被元军攻破之后，天完皇帝徐寿辉的声势便低迷不振。虽然其部将倪文俊去年（一三五五年）在武汉一带横扫元军，使整个集团的气势又重新振作了起来，并在日前迁都汉阳，改元"太平"，但实质上的统治权早就移转到新科丞相倪文俊手上，而徐寿辉已沦为一个虚有名号的空壳皇帝。另外，之前意外获胜的张士诚，认为天命一定在他身上，所以老天爷才会如此安排。又听说江南钱多粮足，所以便派他的弟弟张士德率部队渡过长江，先后拿下常熟与苏州，再把他的王宫迁到苏州。在定都之后，张士诚起用了大量江南的知识分子以笼络民心。不过，

皇上没意见吧？

惊！

天完集团的实权已落入倪文俊手中

据闻张士诚竟已开始沉迷于江南的富庶繁华，而对于未来毫无愿景及规划，就连大周王国的各级官员也都忙着挑选当地的豪宅大厦，为自己安家落户。看来，豪奢生活腐化人心的速度，实在是快得惊人。

朱军再获捷报　准备攻取集庆

　　已经决定要进攻集庆的朱元璋，为了避免在行动时腹背受敌或粮道被敌军截断，所以便打算先解决驻军在采石的元将曼济哈雅。朱元璋在亲自率领大军来到采石与元军正面对决的同时，又另外派出大将常遇春带着一支奇兵去扰乱敌人，并乘机烧毁了元军大批的水师船只。受到奇袭的元军接着又遭到正面冲击而惨遭击溃，统帅曼济哈雅也只

能孤身出逃。之后，朱元璋又指挥诸将攻击江宁，顺利击破陈兆先的大营，收降了其辖下的三万六千名军士。评论家认为，这样的结果使得朱元璋的实力大幅提升，大大降低了拿下集庆的难度。不过，听说这批投降的人都疑虑重重，甚至传闻朱元璋会对他们痛下杀手。目前这些降兵的心理状态可说是极度不稳定，若处理不慎的话，将会酿成重大危机。

这样是要怎么睡啊！

朱元璋为了稳定军心，特别让刚投降的士兵们担任亲卫队，并让他们睡在自己的卧榻旁边

朱元璋在收编了陈兆先大营的数万兵马之后，为了消除这些降兵内心的疑惧，便从中挑选五百人作为自己的亲卫队，让他们来担任主帅营帐的警戒任务。入夜时，朱元璋撤去自己原本的所有护卫人员，只留下冯国用一人当作贴身侍卫。然后叫这批新的亲卫队都进到他的营帐之中，轮值警戒，甚至环绕着他的卧榻躺下休息。而他本人则脱去了盔甲，一夜酣睡到天明，完全信任对方。第二天，这个消息传开之后，降兵们原先惴惴不安的心情便随之烟消云散，朱元璋的举动成功地解决了这次危机。

刘福通再起重挫元军

刘福通上次作战失利，只好带着小明王韩林儿退避安丰。之后，他很快又集结部队，重新出发，在日前于亳州重挫元军猛将答失八都鲁。而据最新得到的消息，在重振声威之后，刘福通已经准备开始延伸其势力，有可能采取从陕西、山西，以及由海路进入山东的方式，三面围攻大都，最终达到推翻蒙古人统治的梦想。

方国珍受抚称霸近海

数年来在浙江沿海拥有不可小觑的海上实力，甚至据说各类船舰数目已达上千艘的方国珍，虽然之前屡屡击败官军水师，称霸于近海航道，但也在今年三月接受了元政府的招抚，被授予海道运粮漕运万户，兼防御海道运粮万户之职。方国珍一方面答应协助政府，将粮食经由海路运抵大都；另一方面则是继续蚕食浙江一带的领土，成为浙东霸主。

和州红巾再克集庆　改名应天定为根基

朱元璋趁元军长江下游防务空虚之际，以冯国用为先锋，对集庆展开猛烈的攻击。大元镇守集庆的御史大夫（监察官）福寿，虽然亲自督战，但最后仍不敌红巾军的凌厉攻势，而在城破之时阵亡。水军元帅康茂才原本想要逃到镇江，却被朱元璋的部队追上，于是便率全军投降。经此一战，朱元璋又得到了五十万人的兵士及民众，实力更上一层楼。为了好好地经营此地，作为将来对外发展的根据地，朱元璋在入城之后，便马上命李善长四处张贴布告，表示城中一切活动、交易及作息都照常，以安定民心；安葬守城牺牲的元朝御史大夫福寿，以表彰其忠诚。随后将集庆改名为应天府，对内设置天兴建康翼统军大元帅府，委任廖永安为统军元帅（军事指挥官），对外则任命徐达为大将军（军事指挥官），把沿长江东下攻打镇江的重任托付给他。徐达果然不负所望，在短短的两天之内便夺下了镇江。而徐达入城之后，也确实遵循朱元璋的叮咛，要求部队严守军纪，使城中的秩序马上就恢复了正常。汤和也受命进兵广德，并在夺城之后更名为广兴。然后，朱元璋分令徐达、汤和出任镇江、广兴二府之统军元帅。

朱元璋升等吴国公　郭天爵内心生不满

已经把根据地定在应天的朱元璋，在入秋之后接受诸将的尊奉，自封为"吴国公"，而由刘福通主导的大宋龙凤政权，也立刻以小明王韩林儿的名义派人送来了诏书，委任朱元璋为平章政事（高级官员）、兼领左副元帅。不过，评论家指出，朱元璋目前所在的应天，不但南北皆有元政府的重兵屯驻，还有徐寿辉的天完国、张士诚的大周王国分据西东两边，乃是个四战之地。而且在应天的内部也还存在一些不稳定的因素，因为据说郭子兴的幼子郭天爵，一直以来都认为自己才是集团的合法继承人，而现在朱元璋被任命为平章政事，他却屈居人下，只是中书右丞而已，所以心中对此极为不满，似乎有夺回权力的打算。若真如此的话，那么朱元璋在对外争雄于天下的同时，也要提防随时有人会来个窝里反了。

年度热搜榜

【元·至正十七年　韩宋·龙凤三年】公元一三五七年

徐达奋力夺常州
吴公坐镇破宁国

自去年（一三五六年）夏天便率领近十万大军攻打常州的徐达，费了九牛二虎之力，好不容易在日前从张士诚集团手中将此城拿下来。但是这位朱元璋手下的第一大将，接着在转攻宁国的时候，就是破不了城。最后还是得劳烦朱元璋亲自出马，到前线坐镇指挥，才终于击败了元军系统的武装民兵统帅朱亮祖，并俘获了众多军士及战马。虽然朱亮祖之前也曾战败被俘，甚至还演出过降而复叛的戏码，但朱元璋因为怀着惜才之心，所以仍旧将他松绑，让他有机会可以戴罪立功。

刘福通分兵三路北伐

已经重振气势的刘福通，为了能够扩大战果，早日推翻蒙古人的统治，果然如媒体之前所预测，将旗下的红巾军分为三路，各向关中、山东，以及汴梁发动了北伐攻势。据可靠情报，此次的行动中，主力是由毛贵所率领的东路军，其目标为直取大都，而其他两路则负有牵制元军的重任。对此，军事评论家表示，依刘福通目前的实力来看，想要直捣元廷虽然说不是不可能，但还是稍微早了一点。因为兵分则力单，容易被各个击破，要是有哪一路军队受到重挫的话，不但影响整个北伐计划，恐怕也会大大地动摇大宋国才刚刚奠立的根基。

朱亮祖虽然有过降而复叛的记录，但朱元璋仍再次给他机会

每况愈下　张士诚向元请降

之前还意气风发的张士诚最近可说是祸事连连，不但常州被朱元璋夺走，杭州被元军收复回去，连一向称霸东南沿海的方国珍，也乘机在陆上侵吞其地盘，不断地袭扰太仓、昆山等地。而对张士诚打击最大的是，在自己集团中最有抱负也最有能力的亲弟弟张士德，不久前竟因战败被俘而押送应天。原本朱元璋要他写信劝哥哥张士诚投降或合作，但张士德不但在狱中绝食，宁死不屈，甚至还秘密地托人带了一封信给兄长，要张士诚宁可降元也不要归顺朱元璋。于是情况日益窘困，已然四面楚歌的张士诚，便正式向元政府请降，并被任命为太尉（军事指挥官）。

不过，就记者所知，张士诚一开始还希望可以保持他"诚王"的王号，是在几经商议之后，才勉强接受太尉一职。而实际上，除了改用元政府的旗号之外，其所占城池、军队、粮饷，以及一切政府组织，都仍和从前一样保留，并由他自己全权管理。张士诚只要在表面上扮演大元的忠臣，唯一要尽的义务，就是每年必须由海路向大都提供一百万石的粮米。一般认为，虽然协议是这样签订的，但朝廷想要从张士诚手中拿到这个数目的粮食，只怕是不太可能达成的。专家估计，若是张士诚每年肯吐出大米二十万石来，在大都的蒙古人就应该要偷笑了。

邓愈大唱空城计
内外夹攻败苗兵

朱元璋手下猛将胡大海在不久前夺下徽州，随后又带领着大部分的兵力前去攻打婺源。但胡大海前脚刚离开，元军系统的苗兵统帅杨鄂勒哲便已率十万大军兵临城下，打算把徽州抢回去。这时留守城中的邓愈，发现他的兵力并不足以与元军对抗，而且城中的防御工事也尚未完备，要是真打起来的话，可能撑不了多久

便会被攻破。于是邓愈索性孤注一掷，学诸葛孔明来个空城计。结果这一招千年的老计谋还真是有用，苗兵看到城门大开，反而心生疑惧，不敢轻进。而就在这一犹豫之间，接到紧急情报的胡大海，已经从婺源领兵赶回，并与邓愈的部队内外夹击，大败这支没看过"空城计"故事的军队。

倪文俊弑主失败 陈友谅成功夺权

老板，一路好走啊！

陈友谅在杀死倪文俊之后，成为天完集团的实际掌权者

天完集团中已经掌控了实权的丞相倪文俊，终于还是掩藏不住他篡位的野心，打算下手除掉徐寿辉，自立为帝。但或许他真的没有当皇帝的命，不但刺杀行动失败，狼狈地从汉阳逃到黄州，还落得被自己的部下陈友谅杀死的下场，连命都没了。而陈友谅在杀了顶头上司之后，也全数吞并了倪文俊的部队，并且成为天完政权的实际领导人。

郭天爵谋刺失败被捕处死

郭子兴的幼子郭天爵，自从二哥郭天叙死掉之后，便认为自己才是集团真正的继承人。所以对于朱元璋接管了老爸所有的部队这件事，始终极度不满，甚至不惜内部分裂也要把朱元璋给拉下来。日前，他便暗中策划了一起暗杀行动，想要在除掉朱元璋之后夺回集团的领导权。不过在他还没采取行动之前，便因事机外泄，而被朱元璋逮捕处死了。

明玉珍辟土四川 北伐军包围汴梁

天完政权的大将明玉珍，为了解决粮食供应的问题，便将部队带入四川筹粮。当他得知重庆城中的元军守将之间正在闹不和的消息之后，立即把握这个大好机会率军沿江而上，轻易地夺取了重庆。目前明玉珍已将此处作为根据地，积极准备向外扩张势力范围。而另一方面，刘福通派出的北伐红巾军，在夺下大名之后，转而向西攻击卫辉，驻守在此地的元将答失八都鲁自知力量不足以与其抗衡，便紧急派人向大都请求支援。不过，即使有朝廷的援军赶赴战场会合，并与红巾军展开激战，蒙古军仍是难逃大败的命运。援军统帅达里麻失里战死；答失八都鲁在败退不久后也于军中忧愤而死，其子博罗帖木儿承袭父职，见颓势无可挽回，只好领兵暂时驻于井陉。目前红巾军已经占领了大名、卫辉等重镇，完成对汴梁的包围态势，随时准备发动下一波攻击。

年度热搜榜

〔元·至正十八年 韩宋·龙凤四年〕公元一三五八年

双刀赵大破安庆　天完国再添疆土

> 陈友谅那小子还得靠我打天下呢……

> ……

赵普胜大破安庆之后时常出言不逊，已经引起陈友谅的猜忌

在倪文俊被害之后，天完政权中除了并吞其部队的陈友谅，以及在四川开疆辟土的明玉珍之外，最令人闻风丧胆的将领就是人称"双刀赵"的赵普胜了。一开始赵普胜与俞通海、廖永安等人自拥有一支水军，并据守巢湖一带。在归附朱元璋之后，赵普胜觉得彼此理念不合，便又改投徐寿辉而去。日前，赵普胜率军大破安庆，再为天完集团扩展了不少疆土。不过，据记者了解，正因为赵普胜在集团中屡立大功，所以逢人便吹捧自己的功绩，连在陈友谅的使者面前也是表现出一副很了不起的样子，使得陈友谅开始对他起了戒心。

朱元璋兴修水利提升农产

在这种争战不休的混乱时代中，领兵争锋固然重要，但懂得加强农业生产来应付庞大的军费开支才是王道。而被杂志评为群雄中最具远见的朱元璋，果然眼光就是和别的军阀不同。当其他人像蝗虫过境一样到处抢粮、榨干民力的时候，朱元璋已经委派了水军元帅康茂才担任都水营田使（负责防洪水利工作），要求他巡视各地，修筑堤防，做好蓄水及排洪的工作。农业经济专家表示，朱元璋的这个决定，虽然表面上看起来会因人力的调动而减损部分的战斗力，但对中长期的经营来说，却是一项很有效率的投资。预期在几年之内，各项农产便可以此而大幅提升产值，明显地增加集团的竞争力。

李文忠将敌军首级放在木筏上顺流而下的做法，对敌军造成极大的心理伤害

斩首级顺流漂筏 李文忠心战败敌

　　去年（一三五七年）被邓愈及胡大海击败的元军苗兵统帅杨鄂勒哲，不久前又卷土重来，再次率领数万兵马，分由水陆两线同时对建德发动攻击。不过，他这次的对手李文忠（朱元璋外甥）也是个狠角色，不但先率精锐部队大破苗兵陆军，还把砍下来的敌人首级放在巨大的木筏上任其漂流而下。这使得苗兵水军看到之后，每个人在心理上都受到重创，纷纷弃甲而逃，部队也因此瞬时瓦解。之后，杨鄂勒哲又试着领兵再犯，但仍被李文忠及邓愈所败，光是投降的就多达三万人。

红巾军直逼大都　小明王迁都汴梁

　　刘福通兵分三路北伐的战略，让他今年登上了最风光人物排行榜的榜首。由毛贵所率领的东路军势不可当，一路从山东打进了河北，不但连克南皮、清州、沧州，使元军折损数员大将，还攻破蓟州、柳林，杀到了距离大都仅一百二十里的地方，震惊大元朝廷，据说还有大臣劝皇帝赶快迁都避祸。而除了直指元廷心脏的东路军之外，另一战线也顺利地夺下极具标志性的北宋旧都汴梁，并将小明王韩林儿从安丰迎来此处，将汴梁定为大宋国都。刘福通此举，不但使自己的声势站上了顶峰，也整个提升了以"复宋"为号召的红巾军士气。

高筑墙 广积粮 缓称王
吴国公决定奉行朱升九字真言

朱元璋打下徽州之后，从邓愈的口中听闻素有"山中宰相"之称的文士朱升就隐居在此，以开馆教书为生，而若得此人的话，则有如诸葛亮相助一般。于是朱元璋便亲自登门拜访，并说服朱升加入其阵营。据记者得到的独家消息，朱升提出的"高筑墙，广积粮，缓称王"九字真言，已经成了朱元璋集团的最高指导方针。所谓的"高筑墙"，指的就是先加强自己的军力及防守，以确保根据地的稳固，不管在怎样的状况下，都不至于被其他军阀所夺取。而"广积粮"则是点明了经济实力很重要，务必在控制区域内设法提升农业生产、发展经济，不但要让部队的军粮能够源源不绝地供应，也要让辖下百姓能够过着安居乐业的生活。而想要夺取天下，最关键的一点则是"缓称王"，因为如果在实力还不够强的时候，便像其他军阀一样，为了满足一时的虚荣而自封为王，那就很容易给其他人制造借口，成为他人围剿的目标。这个道理看似简单，但自古以来却有许多的英雄豪杰败在过早称王上面。评论家表示，朱升的这九个字真是一语中的，如果朱元璋能够加以贯彻的话，未来的发展将令人期待。

朱升的"高筑墙，广积粮，缓称王"九字真言，成为朱元璋集团的最高指导方针

年度热搜榜

【元·至正十九年　韩宋·龙凤五年】公元一三五九年

察罕帖木儿发神威　刘福通携王丢汴梁

察罕帖木儿大破刘福通军，随后进驻大宋国都汴梁，成为元军最具战斗力的人物

　　去年（一三五八年）刘福通才风光地迎了小明王韩林儿把都城迁到汴梁，但是到今年八月，龙凤政权却又成了丧家之犬，再度败逃安丰，而这次打败红巾军的就是一支新兴的民兵。原来，自从红巾军起事，政府军无力与其抗衡之时，察罕帖木儿便与李思齐等人在罗山组织了武装民兵，并一路发展成为一方之霸。五月时，察罕帖木儿兵出虎牢，分别从西北两面对汴梁发起攻击。而此时另一元军统帅博罗帖木儿又切断了汴梁与东路红巾军之间的联系，使刘福通陷入孤立无援的状态。在坚守三个多月之后，其终因粮食不继而开始疲软无力。于是察罕帖木儿抓准了这个机会，在黑夜率军奋勇登城，最后打开一个缺口让大军跟着蜂拥而入，拿下了汴梁。城破之日，刘福通仓促地护卫着韩林儿离开，勉强逃奔安丰。但是小明王的妻儿和龙凤政权的官员、家属数万人，以及好几千名兵士都被元军俘虏了。连象征皇权的符玺、印信也都被夺，官库则被搜刮一空，红巾军遭逢前所未有的挫败。而察罕帖木儿也进驻汴梁，并将此地当作发展总部，成为元军系统中最具战斗力的重要人物。

山东红巾爆发严重内斗

今年年初，张士诚集团对淮安发动攻击，把盘踞此地的红巾军军阀赵均用打跑了。赵均用在失去根据地之后，不得不带着残部前往益都，投靠同属红巾军系统的毛贵。只是一山不容二虎，才没过多久，这两个红巾军将领之间便开始闹不和。到了四月的时候，赵均用下手把毛贵杀了，企图就此并吞其部队。然而，事情的进展并不如预期的那么顺利，因为毛贵的部将在七月从辽阳赶回来，随后也表演复仇记的戏码，把赵均用给杀了。结果在山东境内的两派红巾军，自此之后便开始互相仇杀，内部陷入严重的分裂与混乱。

走了红巾换来察罕 元廷有意加以压制

刘福通自从汴梁被破，再度带着韩林儿逃往安丰之后，由于兵力已经折损了一大半，加上山东方面的东路军也因内斗而濒临瓦解，使得一度直逼大都的这支红巾军主力，已经不再对元政府构成任何威胁。反观因此战立下大功的察罕帖木儿，则是席卷河南全境，不但被任命为河南行省平章政事（高级官员），元政府还授予其独立处理军务之权力。他统辖部队的旗帜，更是绵延数千里，控制了陕西、河南、江苏、安徽等地区，甚至准备大举出兵以收复山东。但察罕帖木儿的崛起对元廷来说，却是一把危险的"双刃剑"。因为他在击退了叛乱者的同时，自己也成了一个政府无法控制的割据者。目前朝廷也已经意识到这一点，打算扶植另一位将领博罗帖木儿来与之抗衡了。

新崛起的察罕帖木儿虽然击退了红巾军，但同时也成为元廷难以控制的一个武装军阀

陈友谅一再以杀害同僚的方式来稳固自己的地位，却也已经严重损害了天完政权的稳定

杀同僚挟皇帝　陈友谅江州称汉王

一直充斥着暗杀夺权剧情的天完政权，日前再度上演同样的戏码，而这次的苦主则是人称"双刀赵"的骁将赵普胜。原来，自从赵普胜夺下安庆之后，就觉得自己功高盖世，时常说一些自满且蔑视陈友谅的话语。这些话渐渐传到了陈友谅的耳中，他当然内心很不是滋味，加上朱元璋又买通了一些人在他身边挑拨，使得陈友谅越来越怀疑赵普胜就快要背叛自己了。靠着背叛和杀害上司起家的陈友谅，怎么容忍得了这一手"独门绝活"被其他人复制，于是便以会师为名，无预警地从驻地江州突然来

到安庆。行事一向粗线条的赵普胜不疑有他，还特地带了烧羊美酒前往渡口，想要为陈友谅接风洗尘。只是他才登上船舰，都还没开口寒暄，就被陈友谅杀了，之后他所统领的部队也全数遭陈友谅吞并。不久，从汉阳仓促出发，想要往南迁都的天完皇帝徐寿辉，也在行经江州时着了陈友谅的道，其随行部将及卫队被设伏杀死。于是陈友谅便把可怜的徐寿辉扣留下来，并宣布从今以后天完政权改以江州为首都，同时自封为"汉王"，还设置了王府的各级办公官署。

34

年度热搜榜

[元·至正二十年　韩宋·龙凤六年] 公元一三六〇年

浙东四学士投应天　神机刘伯温受重用

朱元璋近年来不但收降了许多猛将，对于召集文人谋士也不遗余力。日前，有"浙东四学士"美称，名满天下的刘基、宋濂、章溢、叶琛，便在朱元璋的征召之下投靠了应天阵营。虽然一开始时，曾在元朝为官的刘基等人入伙的意愿并不是很高，甚至是有点软硬兼施地被邀请过来，但在朱元璋当面恳谈并表示"我为天下屈四先生"（这句话的意思是说，有劳四位先生出山，辅佐我打天下，以拯救黎民百姓）之后，他们就被深深地感动了。此四人当中，又以擅长天象测卦、兵法谋略的刘基（刘伯温）最受朱元璋看重，被任命为核心幕僚，参与帷幄机密之谋议；才识最为人称颂的学者宋濂则被聘为江南等处儒学提举（负责教育的中级官员），兼其长子朱标的老师；章溢、叶琛二人则被任命为营田司金事（负责农业的高级官员）。为了安顿这些名士及继续招揽更多的知识分子，朱元璋还下令建造礼贤馆供他们居住，展现了百分之百的诚意。

有了刘伯温的加入，近来令人瞩目的朱元璋可说是如虎添翼

明玉珍再下成都　首重军纪与安民

天完集团的大将明玉珍，在至正十七年（一三五七年）拿下重庆，此后经过与元军的一连串激战，终于在日前攻克成都，控制了四川的大部分地区。据闻，明玉珍在夺得胜利之后，十分重视对当地的治理与巩固，不但所属部队军纪严明，辖下民众安居如故，还力邀当地的知识分子加入统治阶层，为其出谋划策。

徐达常遇春池州大败陈友谅军

以水军起家的赵普胜遭陈友谅杀害之后，由于陈友谅帐下并没有够强的水军将领，所以水寨马上就被徐达攻陷了，这反而让朱元璋集团捡了个大便宜。陈友谅心有不甘，亲率大军反攻，并宣称要出兵安庆。但常遇春在与徐达商议之后，认为这个消息只是对方放出的烟幕弹。陈友谅真正的目的应该是袭取池州，于是他们便先设下埋伏。而陈友谅这次的行动果然被看穿，直接落入圈套之中，大败而逃，还被活捉了三千名俘虏。

不过，这回朱元璋阵营处理战俘的方式却极度惹人非议。由于常遇春坚持己见，应把降兵杀死以绝后患，所以在徐达下达禁杀战俘的命令之前，这三千名俘虏已在黑夜之中被斩杀过半。等到朱元璋闻讯，立刻派人加以阻止时，这批俘虏只剩下三百人幸免于难。据了解，朱元璋事后为此心中很是不快，除了对常遇春这样的做法颇有微词之外，业已下令严禁滥杀，并要徐达全力保护余下的俘虏。

汉军大船强攻太平　花云被俘不屈而死

汉军利用巨型战船直接进攻濒临江边的太平城

陈友谅袭取池州的行动失败之后，怒火中烧，觉得非报此仇不可，于是便集结了将近十万的部队，以水军为主力，向太平发动攻击。由于太平城沿江矗立、坚不可摧，守城的大将花云又十分勇猛，使得陈友谅的部队在连攻三日之后都没有任何进展。最后陈友谅调来舰队中的大型船只，直接逼近太平城临江面的城墙，再让士兵们从大船的船尾攀登城墙。守军没有料到这一招，一下子整个城墙上便布满了攻城的士兵，在兵力悬殊的状况下，太平也很快地陷落了。朱元璋的义子朱文逊当场阵亡，大将花云被俘后也不屈而死。在夺下太平之后，陈友谅已经派人联络张士诚，准备对朱元璋形成夹击之势。军事评论家表示，如果陈、张二人真的结盟成功的话，朱元璋集团将会因此而遭受致命的重击。

陈友谅弑主登极
明玉珍陇蜀称王

陈友谅在太平打了漂亮一仗，扬扬得意，越来越不把天完皇帝徐寿辉放在眼里，在部队进驻采石之后，便再一次采取了他拿手的弑主行动。他先派部将假装要向徐寿辉当面报告事情，然后乘其不备拿出暗藏的武器，一下就敲碎了徐寿辉的脑袋，随后便宣布天完政权已经终结，由他登上新的皇帝之位，定国号为"汉"，建元"大义"。不过，当他以采石的五通庙为行殿，准备要进行登基大典时，却因为突降的暴风雨，使得典礼无法举行，群臣只能在沙滩上冒雨庆祝道贺，草草了事。而原本也属于天完集团的明玉珍在得到消息之后，便下令全军缟素戴孝为徐寿辉发丧，不但断绝与陈友谅之间的一切关系，还宣示要发兵征讨汉军，为徐寿辉报仇。为了解决与陈友谅在文书往来时不对等的问题，明玉珍也自称为"陇蜀王"，但仍以徐寿辉为尊，不易国号也不改元，刻意营造出他与陈友谅篡逆弑主的区别。

刘基定计 力抗汉军

对于陈友谅的大军压境，朱元璋召开了紧急军事会议，商讨对策。席间诸将议论纷纷，有主张决一死战的，有主张先收复太平的，也有主张转移主力暂避其锋的，甚至还有主和投降的。朱元璋就此事询问刘基的意见，而刘基一开始便对众人指出，最为担心的就是张士诚会不会乘机从背后偷袭的问题，做了一番沙盘推演。他认为张士诚的个性过于保守，所以当战事刚进行时一定会犹豫不决。刘基表示："我们只要先全力对付陈友谅，等到张士诚做出决定时，汉军已经被消灭了。陈友谅一旦被铲除，张士诚便陷入孤立的状态，到时我们可以一举平定江南，然后向北夺取中原。"朱元璋在听了刘基的分析，又看了他表演那套观天象已知胜负的绝活儿之后，认为刘基的想法与自己的不谋而合，于是拜刘基为军师，节制三军，准备与陈友谅一决雌雄。

朱元璋阵营出现内贼？！

据陈友谅阵营流出的消息，已经找到朱元璋内部的高级将领做内应，并约好日期及路线，准备出动大军一举夺下应天了。而这个内应虽然还没被曝光，依照各种迹象来看，极有可能是陈友谅的老友，也就是前几年才被朱元璋收降的水军统帅康茂才。如果这个消息属实的话，那将是朱元璋到目前为止所遇到的最大危机了。

朱元璋的水军统帅康茂才可能会叛变，投靠到敌方陈友谅的阵营

康茂才诈降诱敌进　陈友谅中计遭重挫

陈友谅动员了极为惊人的兵力，照着先前与内应的约定，以水军为主力直驱应天的途中，却忽然遭到常遇春部队的伏击。而就在汉军完全没有防备、仓促应战之时，由徐达率领的另一支部队也突然现身，并展开夹击。陈友谅直到此时才发现，原来康茂才做内应的事，根本是对方的计谋，自己已经结结实实地落入了圈套之中。刘基早就计算好的路线以及潮汐时间的精准掌握，让

汉军吃足了苦头，大小船只纷纷因退潮而搁浅，士兵登陆之后也遭到重击，被斩杀或跌入水中溺毙者不计其数。光是被俘虏的就多达二万人，另外还缴获了巨舰十余艘，以及数百艘战舰。朱元璋经此以少胜多的漂亮一役之后，不但巩固了根据地应天，徐达还一鼓作气收复了太平，胡大海也接着夺取了信州，重挫陈友谅的军力与士气。

老康，没想到你居然背叛我……

陈友谅误中康茂才的诈降之计，结果惨遭朱元璋痛击

帖木儿大战帖木儿！
察罕对上博罗　元军陷入内斗 ————

在北方战线各路红巾军暂时受到重挫的同时，元军系统各军阀之间的冲突也愈演愈烈，其中又以博罗帖木儿及察罕帖木儿两大阵营的矛盾最为严重。虽然元廷为了避免双方发生摩擦，已命博罗帖木儿镇守石岭关以北，察罕帖木儿镇守石岭关以南，但博罗帖木儿仍趁着对方忙于对付红巾军之际，将势力伸入了其防区之中。察罕帖木儿不甘地盘被占，于是便发兵与博罗帖木儿作战，结果双方打成一团，连皇帝下诏调解都没有用。而其他军阀见状，也开始争相扩张地盘，目前整个北方地区，已经陷入几乎失控的局面了。

年度热搜榜

[元·至正二十一年　韩宋·龙凤七年] 公元一三六一年

为减缓军事压力 吴国公对外释善意

据记者得到的可靠消息，朱元璋为了能够全力对抗陈友谅，不但派人暗中与雄踞东南沿海的方国珍联络，也写信向北方的察罕帖木儿示好。而方国珍方面，由于也同样急着结交盟友，所以便派遣使者，带上镶着黄金与玉石的马鞍送给朱元璋，以示善意。只不过朱元璋并没有接受这个礼物，在请使者把礼物携回的同时，他也表示目前最需要的是人才与粮食，其他的珍玩宝物对他来说一点意义也没有。而察罕帖木儿方面，虽然没有收到正面的回应，但从整体看来，也确实降低了元军的敌意，减缓了来自北方的军事压力。

方国珍

汉军突击安庆 朱帅直捣江州

不久前，汉军将领张定边以突袭的方式攻击安庆，再次从朱元璋集团手中夺回了这座城。面对此次的严重挫败，朱元璋除了立即将守城不力还逃回应天的部将赵仲中处死之外，也决定趁着元军在攻打山东红巾军的机会，亲自率领水军乘风逆水而上，非要把安庆再抢回来不可。不过，由于汉军据城坚守，朱元璋在猛攻一整天之后也仍破不了城。于是在刘基的建议之下，朱元璋决定先放弃安庆，转而直捣陈友谅的江州老巢。

山东红巾丢济南 孤城益都势危急

山东红巾军在一阵激烈内斗之后，不但失去了以往北伐时的那股狠劲，还反过来被元军打得七荤八素。由察罕帖木儿所率领的大军，在不久前就从红巾军手中夺回了济南，迫使各地败逃的红巾军只能退守益都这座孤城。但据最新的情报，察罕帖木儿的大军已经将益都团团围住，并且正在加紧赶制大型的攻城武器，打算同时在数十处发动总攻击。除此之外，还掘深沟、筑长围，大有要引水灌城的态势。目前益都红巾军的情况可说是非常危急，随时都有陷落的可能。

江州被破 实力仍在
友谅出逃武昌
待机随时再起

朱元璋的部队在放弃安庆,采取直捣黄龙的战略之后,很快便在湖口遭遇了陈友谅的水军侦察队并夺得首胜,然后强势迫近江州。但是他们抵达目的地才发现濒临长江的江州城,防御设施坚固无比,根本不是平常的攻城法可以破得了的。就在诸将为此烦恼时,水军将领廖永忠却想出一个"以彼之道,还施彼身"的方法:模仿陈友谅之前攻太平时,以大船当作跳板的方式,先依城墙

你卑鄙!
学人家的方法!

嘿嘿嘿,
你又没申请专利!

廖永忠模仿陈友谅的方法,攻破江州铁城

高度在船尾建造天桥,再让船乘风逆行,在迫近临江面的城墙之后,便把桥搭上城墙,让大军攀爬而上。此法果然奏效,军队顺利地拿下了江州铁城。不过,陈友谅在根据地被攻破之前,却已经利用夜色的掩护,带着妻女逃奔武昌去了。虽然此后朱元璋大军又接着夺下黄州、建昌等地,但资深分析师也表示,纵使陈友谅失去江州,其军事实力仍居江南群雄之冠,随时都有可能大演复仇的戏码。

出神谋划奇策　刘基深受倚重

不久前,应天阵营的军师刘基接到了母亲过世的消息,但因为这时朱元璋正要出征,所以他也就没有提出请假奔丧的要求。等到朱元璋知道了这件事情之后,便立刻写一封信慰问刘基,一方面要他节哀顺变,另一方面也表示需要他留在军中继续效力,并承诺在大功告成后一定会派人陪同他回乡祭拜。评论家表示,素有"神机妙算"之誉的刘基,自投奔朱元璋帐下为其出谋划策以来,

就一直是该集团中最受信赖倚重的谋士。对于这位年长自己十八岁的核心幕僚,朱元璋万分尊敬,不但见面时都尊称为"老先生",而且只要是刘基所给的建议,很少不予采用的,甚至还不止一次说刘基就等于是他的张良(辅佐汉高祖刘邦打天下,建立大汉的重要参谋),总会不计自身利害适时提出中肯的建言。两人之间可说是彼此信任,惺惺相惜。

名号响亮
常遇春不战而胜

盘踞江浙一带的张士诚听说朱元璋率兵西上，要与陈友谅的汉军对决时，便派出了一支号称十几万人的部队进犯长兴，企图趁机扩张自己的地盘。而朱元璋在得到这个消息之后，知道城中的防守力量过于单薄，可能无法挡住敌军的攻势，立刻就调拨部队前往支援。但是这支援军却在半途遭到敌军截击，使得长兴城陷入苦守断讯的窘迫之境。好不容易撑过了一个多月，才又找到机会，可以再度对外送出求救讯息。这次朱元璋已接受教训了，不敢再掉以轻心，所以命常遇春率兵驰援。敌将一听是常遇春领兵而来，还没交战，便已吓得弃营逃走。而常遇春则在穷追不舍之后，俘虏了五千名敌军，并将其全部杀死。这位朱元璋手下数一数二的猛将，忠诚度毋庸置疑，但他嗜杀成性，视统帅禁令如无物，听说朱元璋对他这种滥杀战俘的恶习早就感到十分不悦了。

过度繁荣症候群
张士诚陷奢靡危机

由于张士诚所占据的地盘，不仅人口众多、农产丰富，经济也十分繁荣，加上已经很多年没有受到战事波及，使得张士诚逐渐骄纵奢侈起来，他不想过问政务，将其全交给他的弟弟张士信及女婿潘元绍去打点。于是这两个人便借机贪渎敛财，金银珍宝堆满了屋子，每天过着糜烂的豪门生活。而集团中的武将们也沾染到这种习气，每当有战斗时，都得先装装病，在索要了大量的田宅并被封赏了高官之后，才肯领兵出征。但到了前线，竟找来一堆女人，成天寻欢作乐、饮酒赌博，根本不把军务放在心上。更夸张的是，当这些将领打了败仗之后，张士诚也都不予追究，过了不久，还是把部队交给他们，放任腐败。看来，这个集团要不是有庞大的经济实力支撑，可能早就垮台了吧。

—— 真英雄殒命　察罕帖木儿遇刺身亡 ——

之前已经投降了红巾军的两位元军将领田丰及王士诚，在察罕帖木儿的劝说之下，接受了赦免令，再次回归元军，与他一同围攻益都红巾军。不过，就在之后不久，当察罕帖木儿前往田丰的营寨巡视时，却意外遭到这两人的刺杀，北方最具实力的军阀，就这样命丧黄泉。而田、王二人在得手之后，立刻投奔红巾军，驰入益都城中。这位曾

被朱元璋誉为真英雄的察罕帖木儿，竟死于非命，他的部队一方面群情激愤，另一方面也因失去领导核心，陷入分裂的危机。由于察罕帖木儿并无子嗣，所以大元朝廷为了稳定军心，迅速下令由他的养子，也就是他姐姐的儿子扩廓帖木儿（王保保）承袭其官位及军权，并统领所有的部队，暂时把情势缓和了下来。

高官显爵招安　朱元璋拒受领

由于去年（一三六一年）朱元璋向察罕帖木儿释出善意，并亲自写了多封书信，使得大元朝廷因此研判有机会可以争取到朱元璋的归附，于是便派户部尚书张昶等官员南下，带着政府的委任状，打算以荣禄大夫、江西等处行中书省平章政事（地方行政长官）

之类的高官显爵来加以笼络。但朱元璋压根儿就没有被招安的打算，他之前向元军示好，纯粹只是为了减缓一些军事压力。而此时刚好也传出察罕帖木儿遇刺身亡的消息，所以朱元璋便以此为由，拒绝了元政府的此项任命。

王保保大破益都 血淋淋挖心祭父

扩廓帖木儿在接管了察罕帖木儿的所有部队之后，以哀兵复仇之姿，使用挖掘地洞凿墙而入的方法，一举攻破了益都城。城破之日，他把杀父仇人田丰及王士诚给抓了起来，并活生生地挖出这两人的心脏来祭奠他的养父。不过，在扩廓帖木儿击败益都红巾军之后的局势，其实未必对元政府有利，因为扩廓帖木儿及博罗帖木儿两大政治派系之间的斗争也渐趋严重。其中博罗帖木儿一派，是以当今皇帝妥懽帖睦尔（元惠宗，元顺帝）与重臣老的沙、秃坚帖木儿等人作为政治靠山，并结合了张良弼的武装力量，在一方拥兵自重。而扩廓帖木儿则是挟着奇皇后、皇太子爱猷识理达腊，以及大臣搠思监、朴不花的势力，再联合李思齐的民兵部队与之抗争。目前双方已经势同水火、争斗不休，元军的整体战力也因此受到重创。

我要的不是这种心啦……

【专题报道】奇皇后

当今大元皇帝妥懽帖睦尔的正宫完者忽都皇后，为高丽人奇子敖的女儿，在她全家人遭到高丽国王（恭愍王）杀害之后，便以贡女的身份被献给了大元国的皇室，并入宫当了掌茶宫女，"完者忽都"这个蒙古名字也是在这时候被取的。奇氏不但姿色过人，皮肤白皙，也十分乖巧伶俐，善于察言观色，因而颇得皇帝妥懽帖睦尔的欢心。但是当皇帝曾经临幸她的事让答纳失里皇后得知之后，奇氏便被怒不可遏的皇后用鞭子打得遍体鳞伤。这种饱受威胁的日子，一直到至元元年（一三三五年）七月，因答纳失里的兄弟唐其势、塔剌海谋反失败，答纳失里皇后也被连坐毒死为止。后来，妥懽帖睦尔想立他最宠爱的奇氏为后，却被丞相伯颜强行劝阻，最后没有办法，只好让伯颜忽都（博罗帖木儿之女，与丞相伯颜并无特殊关系）入主中宫。由于皇帝跟皇后的感情并不好，所以也很少到皇后宫里，反而常常窝在奇氏那边夜宿。奇氏为皇帝生下了儿子爱猷识理达腊之后，更加得到宠爱，终于在至元六年（一三四〇年），接受册立为第二皇后，与伯颜忽都两后并立。据闻，奇皇后一直企图让她的儿子爱猷识理达腊早日接掌皇位，而擅长操弄政治的她也获得了不少大臣的支持，甚至还形成了与皇帝对立的另一个政治集团。

胡廷瑞献城降朱　汉军版图遭蚕食

由于邓愈的部队在攻下了抚州之后，已经直接威胁到不远处的龙兴，使得汉军驻于此地的指挥官胡廷瑞不得不紧急请求议和。对于胡廷瑞所开出不解散原属部队的条件，朱元璋表示可以接受，但他必须放弃龙兴，跟随集团军一同作战。于是在双方达成共识的状况下，胡廷瑞决定变节，开城献降。朱元璋的主力部队随即开进龙兴城内。朱元璋还亲临现场受降，然后将龙兴城改为洪都府，并开仓赈济灾民，全面废除了陈友谅在江西地区所施行的苛政，因而得到当地百姓的支持。归顺后的胡廷瑞，为了讨好新主子，便主动易名为胡美（意在避讳，因为朱元璋字"国瑞"）。而陈友谅在眼睁睁看着自己的地盘被蚕食之后，极度愤怒地表示将要发动大规模的复仇之战。据记者得到的独家资料，汉军内部目前已经开始加紧战备，修造超大型战舰作为秘密武器，准备在时机成熟时，一举顺流而下，攻入朱元璋的核心之地。

江西行省丞相胡廷瑞在大军压境的威胁下，背弃了陈友谅，转而归顺朱元璋

苗军叛变杀大将　朱军浙江失二城

朱元璋在浙江的地盘，因为临近张士诚的势力范围，所以在该集团的煽动之下，金华的苗军发生叛乱，并在混乱中杀死了驻防该地的守将胡大海。几天后，处州的苗军也跟着有计划地叛变，而守城大将耿再成也因此成了刀下亡魂。由于四个要冲中，已有两个落入了叛军手中，使得朱元璋集团在浙江地区的控制力大为衰减，形势岌岌可危。

同属元军系统的扩廓帖木儿与博罗帖木儿两集团，彼此之间竟然势同水火、争斗不休

洪都又传叛变　邓愈只身出逃

当朱元璋的主力部队离开洪都之后，当地的情势又出现了戏剧性的变化。原来，之前胡美（胡廷瑞）归降时，朱元璋曾令胡美手下的军官祝宗与康泰，率领他们的队伍往上游去增援在汉阳攻城的徐达。但是朱元璋前脚才走，这两个一开始就不愿投降的人，马上带兵折返，对洪都发动了突击。由于朱元璋留给邓愈的防守兵力不足，使得洪都城很快便在炮火的轰击之下陷落，邓愈幸免于难，狼狈地逃回了应天。

李文忠收复金华　邵荣分身克敌军

朱元璋在回到应天，得知金华、处州已经因部队叛变而丢失之后，立即任命驻守在严州的李文忠为浙江大都督（军事指挥官），令其稳定当地的局势。而李文忠也不负所望，马上将金华给夺了回来，并逼使叛变的苗军逃往张士诚的地盘投靠。不过就在此时，诸全的守军也传来急报，说他们受到张士信的部队攻击。虽然李文忠手边的兵力不足，只能先派遣胡得济带着部分军队驰援，但他同时对外宣称朱元璋阵营中的虎将邵荣正领兵赶往诸全。结果这个心理宣传战果然奏效，张士信的部队一听到是难以对付的邵荣前来，便乱了阵脚，最后被当地的守军及援军所发动的联合攻势击败。邵荣在同一时间将处州也一并收复了。

朱军还击 洪都安庆重回掌控

由于洪都情况有变，使得正在进攻武汉的徐达，在收到朱元璋的命令之后，放弃对该地的封锁，立刻转往下游对付叛军，以优势的兵力收复洪都。而鉴于上次的大意，朱元璋这次特别增加了守军的人数，并留下朱文正（朱元璋之侄）与邓愈一同守御此城。还将城墙从江边后移加固，避免将来敌军再度使出从船尾攀墙的伎俩。与此同时，常遇春也成功地从汉军手中夺回安庆，并完成了城垣的修复工作，让朱元璋集团的心脏地带拥有屏障，不会直接暴露在陈友谅的兵锋之下。

风起旗落　朱元璋逃过死劫
东窗事发　邵荣谋叛逆处死

朱元璋阵营中，与徐达、常遇春齐名，被称为"三杰"之一的邵荣，日前因与另一位将领赵继祖密谋兵变夺权，在阴谋败露之后遭到朱元璋逮捕。据了解，邵荣可以说是与朱元璋同时起兵于濠州的一员猛将，辈分、实力都跟朱元璋相当，又立有许多战功，所以一直不甘心居于朱元璋之下。不久前，他与另一个也心怀不满的将领赵继祖搭上了线，打算趁着大军回师应天时，利用部队紧跟着朱元璋本部的机会，在进城后便关上城门，然后乘乱将朱元璋杀了。偏偏世上就有这么巧的事，当天刮起一阵大风，一面旗帜就这样被吹了过来，还卷住了朱元璋的身体，使得他心头一颤，于是临时决定改从另一道门进城，也因此避开了杀身之祸。但这等大事终究是纸包不住火，没多久邵荣等人便因为阴谋遭人揭发而被捕下狱。原本由于朱元璋对邵荣也还怀有革命情感，所以并不忍心将老战友处死，而打算把他放了。唯独常遇春对此却十分坚持，表示不愿与这种谋逆之人共事。最终朱元璋决定先摆宴送邵荣最后一程，然后再把他推上刑场处死。

哇！这样很有型呢！刚好是今年秋冬的流行款……

旗帜被大风吹落卷住朱元璋，意外让他逃过死劫

年度热搜榜

【元·至正二十三年　韩宋·龙凤九年】公元一三六三年

明玉珍四川即大夏帝位

　　原属于天完集团的陇蜀王明玉珍，自从入主四川之后，便积极地经营此地，在对政治、经济等各方面都进行一连串改革之后，目前已经可以看到明显的成果。于是在谋士的劝说之下，明玉珍便于今年元旦以"大夏"为国号，在重庆正式登上皇帝之位，并建立"天统"年号。

张士诚重军压刘福通 朱元璋出兵援小明王

　　因北路红巾军近来屡遭元军重挫，使得张士诚逮到机会痛打落水狗，命部将吕珍率领重兵出征，对大宋的最后根据地安丰发动围城攻击。已经无力还击的刘福通只能困守城中，并派人向各路红巾军求援。而朱元璋在得到消息之后，便与众参谋及部将讨论此事。一向不赞成依附在小明王之下的刘基表示："此时如果把大军调往安丰驰援的话，那早已虎视眈眈的陈友谅必定会乘机从背后偷袭，使得我们反居于不利的地位。所以应该利用这次机会，竖起自己的旗帜，而不要再受制于空有名号的小明王。"只不过，这次朱元璋却罕见地没有采用刘基的建议，反而认为不论从道义还是名分上，小明王都是红巾军的共主。虽然自己总有一天要脱离小明王另立门户，但若在这个节骨眼儿见死不救的话，恐怕将会失信于天下。所以，最后朱元璋还是决定出兵驰援。只是据记者得到的情报，安丰城因被围困已久，城中的粮食早就全部耗尽，军民百姓仿佛陷入人间地狱，种种惨状让人不忍直视，甚至传出人吃人的可怕谣言。人们在绝望中等待迟迟未到的援军，如果朱元璋的动作再不快一点的话，只怕安丰城陷落在即。

刘福通已经被张士诚给逼到了绝境之中

陈友谅巨舰乘虚入 六十万汉军袭洪都

陈友谅趁朱元璋的大军北上驰援之际，集中全力，发兵六十万，以数百艘战舰的惊人阵仗，挥军顺江东下，对洪都进行包围战。据第一手情报，陈友谅的主力战舰有三层甲板，上有掩护弓箭手的包铁塔楼，每艘船可以乘载战士两三千人。虽然六十万的数字过于夸大，但实际动员的军队人数，以及战舰的吨位和数量，都是远非朱元璋集团所能及的。而陈友谅的计划，则是重演当年太平之役的胜利，利用巨舰的优势直接突袭沿江的城墙。只要洪都一拿下，那么江西各地以前原属汉军的守将，便会看风转舵，再次舍朱元璋而回到他的麾下了。

喂！你这舰队也太先进了吧

抓到你了！

陈友谅趁朱元璋后防空虚时，率领六十万大军，乘着数百艘战舰发动攻击

48

安丰陷落　刘福通身亡
朱军反击　小明王获救

在朱元璋大军抵达安丰之前，当地守军果然就已经无法支撑而被攻破，曾经号令数十万北方红巾军的刘福通，被张士诚的部将吕珍给杀死；小明王韩林儿，也从大宋政权的皇帝变成了阶下囚。日前，朱元璋大军总算赶来了，在徐达与常遇春的力战之下，击败了吕珍的部队，不但将安丰拿下，还成功地救出韩林儿。但朱元璋在安丰的位子都还没坐热，便又收到洪都已经被陈友谅

刘福通死后，反元势力演变成朱元璋、陈友谅、张士诚三足鼎立的局面

围攻一个多月的紧急战报。于是朱元璋一面要求洪都再坚守一个月，一面将徐达及常遇春的部队调回应天以防万一，而他自己则打算亲率大军从水路赶往洪都救援。资深分析师表示，经过十数年的混战，扛着元朝旗号的正规军及诸路义军，因为丧失民心而渐显疲态。反元势力得到汉族地主及广大穷苦百姓的支持，日益壮大，目前已演变成三足鼎立的局面，分别是军力最为强大的陈友谅、财力最为丰厚的张士诚，以及被评为最具智慧的朱元璋。而今后的逐鹿戏码，也将由此三人所主导。

洪都久攻不下　援军及时到来

原本以为可以像之前那样，靠着巨舰迫近城墙，轻易拿下洪都的陈友谅，这次的攻城行动却踢到了铁板。原因是当初朱文正在奉命驻守此地之后，便将城墙进行改建，不但退开江边一段距离，也修建得更为坚固。加上朱文正与邓愈两人奉命坚守，奋勇挡住了敌军一波又一波的攻势，与对方相持近三个月之久。而就在快要撑不下去的时候，由朱元璋亲率的二十万援军终于到来，并迫使陈友谅不得不改变战略，将舰队退到鄱阳湖中重新列阵，准备与朱元璋进行总决战。

鄱阳湖水战 朱元璋逆转夺下首胜

据随军记者在鄱阳湖水战现场所见，兵力占尽优势的汉军，直接以数艘巨舰为一单位，将彼此用长铁链连锁，然后列阵直往前进。而朱元璋方面则是由他与徐达指挥的大型战舰作为中路主力，并将其余的轻型船只布阵于两旁，分别交由熟识水战的俞通海及廖永忠率领。不过在两军接战之后，两侧的小船以轻巧的操舰手法，固然躲避了不少炮火的攻击，但由于面对汉军的巨舰难以仰攻，所以也是仅能勉强支撑而已。至于中路的主力战舰对抗，吨位及数量明显居于劣势的朱元璋可真是吃了大亏，在陈友谅不断推进之下，阵线一直被逼后退，最后还是靠着驶近浅水区让敌军大舰无法继续追击，才惊险脱离战斗。不过到了第二天，风势却忽然改变，吹向了陈友谅的舰队。朱元璋见状，立即下令准备了许多装满火药的小船，顺风放流，直冲敌军的船阵之中引燃火势。由于汉军的战舰体型过大且列阵过于密集，所以一下子便遭到火神无情的摧残，数百艘船舰被烧毁，包括陈友谅之弟陈友仁在内的六万名士兵也都葬身火海。而朱元璋的部队则是在损失大约七千人之后，以寡敌众，漂亮地拿到第一场逆转胜。尽管陈友谅的汉军在此役中受到意外的重创，但整体实力还是不容忽视，目前又开始重新集结，准备再与朱元璋一决雌雄。

兵力占尽优势的陈友谅意外遭到朱元璋的重挫

自乱阵脚　汉军力量急剧下滑

在成功地夺下首胜之后，朱元璋知道火攻奇袭之术已经没有办法再次使用，于是便改变战术，下令船舰成单行纵队驶向鄱阳湖湖口，反过来将汉军封锁在湖中。一时轻率而失去退路的陈友谅集团，则因为陷入了敌军的陷阱之中，开始变得焦躁不安。当陈友谅召集诸位将领研讨对策时，大家更是意见相左，右金吾将军（军事指挥官）力主焚舟登陆，另图再举；左金吾将军则主张应以水军再与朱元璋一决胜负。之后陈友谅决定焚舟登陆，左金吾将军见所谋不合，于是便率众向朱元璋投降。右金吾将军见军中已闹分裂，竟然也跟着投降。经此一变，陈友谅的力量急剧下滑，但他仍决意杀死所有的俘虏，以示顽强抵抗到底。朱元璋闻讯，反而下令放回所有的汉军俘虏，并宣称今后若有敌军被俘者，皆不可杀害。此一高招，果然使得汉军军心瓦解，被逼上了绝路。

陈友谅死于流箭　朱元璋大获全胜

部将率军叛离后进退失据、粮尽援绝的陈友谅，在无计可施之下，只好决定冒险突围奔回武昌。但朱元璋早已派部队守在鄱阳湖湖口，以点着火的木筏进行了截击，并让汉军在一片火海之中四散奔逃。倒霉的陈友谅，则是意外地被流箭射穿眼睛并当场死亡，而他的死讯也随即传遍了战争双方。相较于朱元璋部队的军心大振，汉军因为群龙无首，连最后一点士气也被消磨殆尽，到了晚上已无心再战，五万残军全数投降。虽然陈友谅之子陈理在部将的护卫下勉强逃回武昌，并宣布自己继承了大汉皇帝之位，但朱元璋大军也随即跟进，对武昌展开包围战，准备将汉军一举歼灭。

我发誓我没有劈腿，不然以后我就被流箭给射死！

陈友谅于决战时意外死于流箭

51

年度热搜榜

【元·至正二十四年　韩宋·龙凤十年】公元一三六四年

■ 江南并现两吴王 东张西朱互争雄

在鄱阳湖大战中取得绝对胜利的朱元璋，虽然仍奉已经名存实亡的龙凤政权为正统，却也在日前正式地登上了王位。尤其令人疑惑的是，朱元璋的王号竟与张士诚一样是"吴王"，一时之间两个吴王并存，还真是一件奇闻。对此，张士诚集团已经提出指控，认为朱元璋根本就是抄袭，并蓄意制造混淆。针对这样的指控，朱元璋集团的发言人也大加反驳，指出朱

> 走开！

> 目前来到现场的是吴王，不，是吴王们才对。

元璋早在前些年（一三五六年）便已登上"吴国公"之位，再晋升一级自然就是吴王，所以侵权的张士诚，如今还在贼喊捉贼，实在可笑。为了避免读者混淆不清，记者以后将在东边的张士诚集团称为"东吴"，而地处西侧的朱元璋集团则称为"西吴"。至于谁是谁非，就看最后谁可以存活下来了。

汉帝归降步穷途　西吴实力再提升

从陈友谅死后便一直苟延残喘的大汉政权，终于在今年二月正式画下句点，退出了逐鹿中原的大舞台。在朱元璋的亲自率领下，西吴军先于洪山击败了大汉丞相张必先的部队，然后以优势军力迫使大汉皇帝陈理（陈友谅之子）同意归降。随后又派徐达、常遇春等将领分兵扫荡各区，将陈友谅集团的残存势力完全剿灭。不过，在除去了

最大的对手之后，朱元璋目前的状况还是强敌环伺，河北有博罗帖木儿，河南有扩廓帖木儿，关中有李思齐、张良弼等人，而江南则还有张士诚。资深分析师表示，依目前西吴军的布防情形来看，朱元璋极有可能已经将张士诚列为下一个要铲除的对象，以图能尽快终结在东西方各有一位吴王的乱象。

西吴改革兵政　卫所制度成形

据闻，朱元璋去年（一三六三年）年底在阅兵的时候忽然大发雷霆，而事情的起因就是他在行程中无预警地问某一位将领："你统辖的兵马到底有多少？"对方竟然答不出个确实的数字。据了解，目前各集团的部队都是由若干个只听命于直属上司的小部队所组成，而这些小部队的规模、大小都不一定，各级部队之间的称呼也没有个明确的规范，所以高级将领往往只会知道自己统辖了谁的部队，而无法弄清楚它们之间到底有几个层级、有多少人马。虽然这是当今极为普遍的现象，但对凡事讲求精确的朱元璋来讲，问题却十分严重。于是朱元璋便下令西吴军在部队编制上进行彻底的改革，将野战部队的各翼元帅府都改名为"卫"，并规定每卫的兵力为五千人。而每卫之下再设五个统领一千人的千户所，每个千户所之下再管理十个兵力为百人的百户所。某些特定的独立野战指挥部，则从总管改为守御，兵力规模则等同于千户所。原先混乱的军阶及称谓也全数停用，所有将领都改用新式的等级及职称。如此一来，各级部队指挥官便可以很明确地掌握士兵人数，使得整体军事行政更有效率。

——— 吴王下令销毁镂金龙床 ———

在平定了陈友谅集团之后，江西行省把陈友谅生前拥有的一张镂金龙床送到应天，呈献给朱元璋。不过，西吴王朱元璋对于收到这件珍贵的礼物，非但毫无喜悦之情，还当场批评说："当初在五代十国时，后蜀的孟昶也有一只镶满宝石的尿壶，这床与那玩意儿有什么区别吗？光是一张床就搞成这个样子，为其他东西挥霍的程度，当然可想而知了。陈友谅父子穷奢极欲，哪有不亡国的道理。"于是便下令将此床销毁。这时，又有一个想要拍马屁的官员出声附和说："对呀，还没富贵就如此骄奢，正是败亡的原因啊。"结果马上又被朱元璋给纠正，说："难道有钱就可以骄横，有地位就可以奢侈了吗？如果这样，即使富贵了也保不住啊。"

镂金床有什么好？我还是喜欢软软的床，好舒服喔！

博罗不甘被太子党人指控，便发兵进入大都，把太子吓得跑到扩廓那里求救去了

皇太子争权失利　博罗元廷得势

　　元廷的权力之争在日前又有新的发展，跟扩廓帖木儿同一阵营的皇太子爱猷识理达腊，与其同党企图以牵强的理由，诬陷皇帝妥懂帖睦尔的母舅老的沙、秃坚帖木儿等人，并打算找些借口把他们给杀掉。不过，老的沙一伙人却也不是那么好对付的，他们在得到消息之后，马上逃往大同博罗帖木儿的营中寻求保护。就算皇太子一再地要博罗帖木儿把人交出来，可是博罗帖木儿因有皇帝的暗中支持，所以根本无动于衷。后来，太子党人搠思监、朴不花等，更指控博罗帖木儿图谋不轨，强逼皇帝下诏解除其兵权及一切官爵。博罗帖木儿当然不肯就此屈服，于是便发兵直接进入大都，反将搠思监、朴不花等人抓了起来，还把皇太子吓得仓皇出走，逃往太原去投靠扩廓帖木儿了。在太子党失势之后，博罗帖木儿立即被皇帝任命为中书左丞相并总制天下兵马，算是取得了第一阶段的胜利。

年度热搜榜

【元·至正二十五年　韩宋·龙凤十一年】公元一三六五年

好，这次的奖品都发完了。

……

据闻朱文正因为封赏不公而心生不平

大都督被控异心　朱文正忽遭罢官

在西吴集团内，原本前途看好且被赋予镇守南昌重责的朱文正，竟然于日前无预警地被革除一切职务，并由邓愈接管南昌部队的指挥权。据以往的资料，朱文正不但勇猛善战、多次立下大功，还在朱元璋登上吴王之位时，被任命为大都督府的大都督，把整个集团的军事大权都交到了他的手中，称得上是朱元璋最为信任的骨肉至亲。尤其在与陈友谅进行总决战时，朱文正先是数度重挫汉军锋芒，一座南昌孤城硬是撑了两个多月未被攻下，随后又截断陈友谅的粮道，在迎来最终胜利的这段时间，他可说是一直扮演着极为吃重的角色。但是，在事后朱元璋赏

了大批的金帛给常遇春、廖永忠等将领，唯独朱文正没有得到任何的封赏。这样的处理方式，让朱文正觉得委屈，心里非常不平衡，所以他开始放任部将掠夺下属的妻女，自己的行为也开始出格。就在朱元璋耳闻这些事并十分火大的同时，又有官员凭空指控朱文正有异心。于是朱元璋便忽然乘船来到南昌巡视，并严厉地责问朱文正打算做什么，然后将他押回应天去了。眼看着这位侄子就要踏进鬼门关，朱元璋的夫人马氏赶忙出来劝解，说朱文正只是个性刚烈，并没有什么不好的意图。好说歹说，朱元璋才免了他的死罪，只把他流放到桐城软禁起来。

王子大演复仇记
博罗帖木儿惨死

大元的皇太子爱猷识理达腊在逃往太原，投靠到扩廓帖木儿营中之后，便不断劝说扩廓帖木儿拥立他为帝，直接与皇帝妥懽帖睦尔分庭抗礼。但是扩廓帖木儿不想卷入宫廷斗争，所以并没有支持这样的想法，只是单纯地把矛头指向宿敌博罗帖木儿。后来，扩廓帖木儿挥军击败了博罗帖木儿的部队，担任中书左丞相的博罗帖木儿因此陷入极度焦虑之中，开始变得喜怒无常，弄到连皇帝也对他吃不消而心生厌恶。虽然自博罗帖木儿执政以来，推

据闻大元皇太子有可能挟扩廓的兵力逼皇帝退位

行了不少好的政策，但妥懽帖睦尔还是传下密诏，召集了一批人，趁着博罗帖木儿入宫奏事的时候，埋伏于半途把他杀了。皇太子爱猷识理达腊听说博罗帖木儿死了，大喜过望，便在扩廓帖木儿的重兵护卫之下准备返京。不过，有消息指出，奇皇后（爱猷识理达腊之母）已经派人暗中与扩廓帖木儿交涉，极有可能会挟着扩廓帖木儿的兵力，逼迫妥懽帖睦尔将皇位让给儿子。看来，大都又即将面临一场父子斗争的腥风血雨了。

两吴势力此消彼长

据资深分析师表示，自从朱元璋在鄱阳湖大战中彻底击败了陈友谅之后，原先隶属于汉军的地盘，全都被朱元璋吞并，再加上绝大部分的汉军也都归降，使得西吴王国目前所能控制的人口数，已经达到了其他敌手的两倍以上。除此之外，西吴阵营中可说是猛将如云，徐达、常遇春等大将更是名动天下，强悍到两军尚未交战，敌将便已闻风丧胆，所以朱元璋将会赢得最后胜利的态势也逐渐明朗了起来。反观另一边的东吴阵营，近年来则是因为张士信（张士诚之弟）及潘元绍（张士诚之女婿）的贪渎，张士诚又无心于国政，纵容部将腐化而没有采取任何的行动，以致国势积弱不振。双方实力此消彼长，两个吴王之间已经出现极为明显的差距了。

扩廓受封河南王　总制兵马肃江淮

由冀宁护送皇太子爱猷识理达腊返京的扩廓帖木儿,并没有按照奇皇后的盼望,以重兵胁迫皇帝让位给太子,而是在大都(北京)城外三十里处就令军队停下,然后在少数卫队的随护之下,与太子一同返回宫中。此举虽然赢得了皇帝妥懽帖睦尔的信任,授予他中书左丞相之职,但使得奇皇后母子对他心怀怨恨。同时,朝中诸位大臣又以他并非蒙古贵族出身而屡加排挤,用消极的态度在朝堂之上抵制他。于是扩廓帖木儿决定远离政治中心,免得随时有遭人陷害的危险,他主动向皇帝请求返回前线作战。到了今年闰十月时,皇帝下诏封扩廓帖木儿为"河南王",并总制各路兵马,以便全力肃清朱元璋等南方军团。

由于奇皇后、皇太子,以及许多朝中大臣的排挤,扩廓决定领兵外出,远离政治中心

两吴最终战役开打

两吴之间的最终战役总算拉开序幕了,徐达、常遇春、冯国胜等西吴大将,奉朱元璋之命,率领骑兵、步兵及水师大军,直指泰州,并在日前夺下该城。军事评论家表示,朱元璋这次可能是采取了所谓"剪除两翼"的战略方针,打算先攻取张士诚在长江以北的领地,然后占领浙江地区,等到把外围敌军都扫荡一空,再全力进攻位于其心脏地带的苏州。不过,东吴王张士诚在得到情报之后也不甘示弱,立即动员了战舰四百多艘,浩浩荡荡地出发,将军事目标对准了江阴。究竟鹿死谁手,就全看此役谁胜谁败了。

年度热搜榜

【元·至正二十六年 韩宋·龙凤十二年】公元一三六六年

扩廓下令调集李思齐等元军部队，但诸将却抗命不从

河南王征调大军 元军系大闹内讧

已经如风中残烛的大元，日前再度爆出内斗戏码。受命扫荡江淮的扩廓帖木儿，原本打算调集李思齐、张良弼、孔兴、脱列伯四支军团的武力，南下对付朱元璋集团。但因为这四位将领抗命不从，使得扩廓帖木儿只能暂停南征的行动，掉转兵锋先来对付自己人。李思齐先前与扩廓帖木儿之父察罕帖木儿是同一阵营，论起辈分、资历其实都与察罕帖木儿相当，现在却换成一个毛头小伙子来对他发号施令，他打从心里就瞧不起扩廓帖木儿，当然不愿服从。而张良弼、孔兴、脱列伯三人则是博罗帖木儿的旧战友，与察罕一族可说是世仇了，绝无可能听扩廓帖木儿的调遣。不过，也有资深分析师表示，扩廓帖木儿本来就没有要南征的打算，因为他一旦领兵南下，那毫无防备的背后就在李思齐等军阀前露了出来。而且他也早知道这几个人对自己怀有敌意，所以更不可能贸然行动。他打的如意算盘，只是想借着征讨朱元璋的名义，把这些部队都收入囊中，以扩充自己的实力。

东吴两翼遭剪除　大军围困张士诚

对于张士诚大张旗鼓以水师进逼江阴的行动，朱元璋研判应该只是意图分散西吴阵营力量的疑兵，其真正的主力可能会对泰州、海安等地发动攻击，于是便命部将严密部署，以加强防备。而东吴军的企图果然如朱元璋所料，在奇袭受阻之后，还被西吴军攻克了军事要地高邮，随后又相继失去了淮安、徐州等重镇。西吴军同时也击退了来援的元军并入主安丰，席卷江北之地，将元军与张士诚之间的联系全部切断，令其陷于孤立的状态。随后，由徐达、常遇春所率领的二十万主力军团围攻湖州，并大败东吴大将吕珍的部队，迫使其属下六万精兵皆一同归降。而由李文忠、朱亮祖所率领的另一支部队，则是以重兵进逼杭州，迫使守将开城献降。目前臂膀尽失的张士诚，可说是仅存平江一座孤城，单独面对西南北三面被围之势。但由于张士诚有城中地主富豪的支持，粮饷供应源源不绝，所以仍让徐达久攻不下，战事再度陷入了胶着。据闻，朱元璋已于日前派使者送信给张士诚劝降。可是张士诚打从心里就瞧不起朱元璋这个乞丐和尚，因此他并未给予任何答复，还是决定坚守到底。

在两翼被剪除后，张士诚坐困平江孤城

据守四川险地的大夏皇帝明玉珍于不久前病逝，由年仅十岁的儿子明升继位，并改元"开熙"。资深分析师表示，虽然四川在明玉珍的治理之下，确实气象一新，连军事实力也大为增强，但令人惋惜的是，领导人刚换不久，管理阶层便因争权夺势而陷入了内讧斗争的局面。要是再如此下去，明夏将快速衰落，迟早被其他人所吞并。

意外？谋杀？
廖永忠奉命迎主 小明王魂断江中 ——

由于朱元璋近来在平定南方各割据势力时大有进展，所以便命部将廖永忠到滁州，将徒具名号的小明王韩林儿迎接到自己的大本营应天，以昭示天下人他仍尊奉着明教的共主。但不幸的是，当船队行至瓜步的时候，小明王所乘坐的船竟然翻覆了，而韩林儿也因救援不及当场溺毙。据朱元璋集团所发布的官方消息，表示这完全是因为长江中突起风浪，导致座船被掀翻的一起意外事件，负责护卫的廖永忠也因此自行请罪，并受到朱元璋严厉的斥责。不过针对此点，已经有名嘴指出，这次的沉船事件分明就是预谋性的政治谋杀，因为朱元璋虽然表面上仍使用龙凤年号，但实际上从未接受过来自小明王的命令。尤其近年来已在群雄逐鹿的舞台上站稳了脚跟，更不可能会真心想要迎来一个压在他头顶上的人。况且，护送主公结果直接送上黄泉路的这种状况，又怎么可能只是严加斥责就可以了事的。所以，就算不是朱元璋直接授意此行动，也是廖永忠揣摩上意而故意为之的。

小明王因座船意外翻覆而溺毙江中

年度热搜榜

崇左改制 李善长任左相国

日前，西吴集团就中央政府的编制再度进行了一波改革，先是把之前以右为尊的习惯，改成崇左，也就是同样的职位中，以职衔冠上"左"字的为第一主官。同时也宣布，以起兵初期就一直跟在朱元璋身边的谋士李善长为"左相国"（高级官员），而以集团中第一大将徐达为"右相国"。不过，由于徐达长年领兵在外，所以国内的大小政务，可说是全都交由李善长去处理。另外，在军事方面，也将统领天下兵马的大都督府长官，由"大都督"改设为官阶正一品的"左右都督"，其下再设从一品的"同知都督"、正二品的"副都督"、从二品的"佥都督"等官员。这让整个军令系统更为完善。

反扩廓联盟成立 西吴军得渔翁利

元军系统的李思齐、张良弼、孔兴、脱列伯四大军阀，在得知扩廓帖木儿已经亲率大军，准备先发动安内战争的消息之后，也不甘示弱地采取行动，组成了反扩廓联盟，并公推李思齐为盟主。军事评论家表示，由目前双方激斗的情形来看，这场混战恐怕没有办法在短期之内结束。而元军这样自相残杀的结果，将使得朱元璋的西吴没有后顾之忧，迅速壮大，可能再过不久，便可以扫平张士诚、方国珍等势力，成为南方唯一的霸主。

百官劝进即帝位　朱元璋暂时回绝

据来自西吴高层的消息指出，今年七月间，在左相国李善长的率领下，所有的政府高级官员已经联名上疏，劝请吴王朱元璋登上皇帝之位。虽然朱元璋很快便用时机尚未成熟的理由加以回绝，但一般认为，朱元璋一路走来，从一个穷到快被鬼抓走的破落农户、沿街要饭的乞丐和尚，凭着自己的智慧与实力，一步一步地往上爬，到了现在放眼望去，当初逐鹿中原的群雄，再也没有一个人是他的对手。所以他登上皇位并进而统一天下，根本就是迟早的事情而已。尤其以李善长为首的群臣开演了上疏劝进的戏码之后，三度劝让的标准流程便已启动，相信再过不久，朱元璋就会正式称帝了。

不急，时间还没到。

因战败而上吊寻死的张士诚，被救下来之后已经押往应天审判

22，23，24……还好我受过急救训练……

平江兵败　张士诚自缢获救
押送应天　东吴王绝食不屈

　　两吴军队在平江僵持近十个月之久，其间西吴军团不但以重兵将张士诚围困在城中，还在四周筑起了土台，把割下来的敌军首级、腐烂的尸体，以及一些杂七杂八的废物垃圾，全都用投石机投进了城里。虽然总指挥徐达曾多次劝降，也表明了将会保障其生命及财产的安全，但张士诚始终不为所动。于是徐达便在今年九月发动了总攻击，一时间百道攻城、火石俱进。最后坚实的城墙终于禁不起炮火的摧残而倒塌，西吴军蜂拥而入，而张士诚则是仓促退守内城。眼看着大势已去，至死不肯屈服的张士诚决定有尊严地自我了结，便招来妻儿，然后纵火焚烧宫殿，准备在熊熊大火中以上吊的方式结束全家，包括他自己的生命。但是就在他快要断气时，已经投降西吴的旧部属冲上去把他救了下来，随后送往徐达的大营之中。徐达又多次派张士诚的旧将去劝降，他却自始至终都闭目不答，就算是日暮途穷，也不愿意向朱元璋屈服。最后，徐达只好派人由水路，将张士诚押往应天接受审判。据闻，目前张士诚在船上还是一直拒不进食，完全没有半点要屈服的意思。

避兵锋亡命海上 方国珍正式归降

在张士诚被解决了之后，朱元璋便集中力量，命汤和为征南将军，讨伐在东南拥兵自重的方国珍。而方国珍见部队数度落败，情势不利于己，赶忙带着他所有的家当，搭乘刚建好的海船逃往海上。不过，朱元璋哪有这么容易就放过他，于是便任命廖永忠为征南副将军（军事指挥官），率领舟师入海，与汤和一起追击方国珍。虽然有人批评方国珍过于短视，未能趁着两吴交兵时，抓准时机偷袭朱元璋的腹地，而只顾着搜刮珍宝、建造逃亡用的海船。但评论家认为，其实方国珍这样做，是有策略的。之所以没有乘机攻击朱元璋，是为了和

他保持较为友好的关系。搜刮珍宝、建造海船，则是为了增加自己的实力及未来谈判的筹码。在经过研判，确认自己不可能打得过朱元璋之后，这样的安排或许才是最佳选择。果不其然，朱元璋在派兵穷追猛打的同时，也开出极为优渥的条件劝降。而最后方国珍也接受了这些条件，归顺了朱元璋，并保全了他那一大堆金银珠宝。

元军恶斗不止！ 扩廓被削军权？

北方元军的内斗日前已进入了另一波的高潮，李思齐等将领与扩廓帖木儿之间交战了不下百次，而原本支持扩廓帖木儿的皇帝妥懽帖睦尔态度又开始摇摆，转而支持李思齐阵营。为了节制扩廓帖木儿，皇太子爱猷识理达腊已经受命总制天下兵马，这等于是完全剥夺了扩廓帖木儿的军权。被削去军权及中书左丞相之职，仅剩"河南王"空衔的扩廓帖木儿，此时营中又发生了窝里反事件，手下的两个部将竟然背他而去，令他的情势更是雪上加霜。但扩廓帖木儿可不比之前的脱脱，在不愿乖乖地把军队指挥权交出来的同时，便已率领部队退据泽州，然后又攻占冀宁，杀尽朝廷命官，明白地宣示了他决不屈服的立场。

天日照尔不照我 张士诚慷慨赴死

兵败被俘的张士诚在船上绝食多日之后，终于被押到了应天，并交由左相国李善长主持审判。饱受折磨的张士诚虽然身体已经虚弱不堪，但其心志仍顽固而坚强，非但不肯就此屈服，还出言辱骂李善长，说他只是个狗仗人势的家伙。而被这样一讲，李善长当然也动怒了，马上就拍桌讥讽张士诚不过是个失败的盐贩子，沦落到此地步，居然还敢这般嚣张。由于问不出个什么东西来，只好中止审讯，由朱元璋亲自处理本案。但是张士诚此时早已将生死置之度外，在说了一句"天日照尔不照我"之后，便闭上嘴、合上眼，不再做任何表示。朱元璋见张士诚始终坚不屈服，最后也只能下令用弓弦将其绞死，留给这位也曾是一方霸主的英雄一个全尸。

情势大好 吴军同时南征北伐

元军因内斗而发散出的那股虚弱濒死之味，当然没有办法逃过朱元璋如饿狼般的灵敏嗅觉。于是他在日前正式发布了集团军将同时南征与北伐的消息。南征由胡美率领精锐部队从陆路进入福建扫荡，水军则在汤和及廖永忠的率领之下，沿着海岸一路往南，从海上对福建、广东等地发起攻击。而北伐则以徐达为征虏大将军，以常遇春为副将，统领二十五万主力军团，向北进击。

三劝让 终点头
朱元璋将即皇帝位

由于北伐军团表现亮眼，在年底时又从元军手中拿下了山东诸郡，让西吴集团内的文武百官找到了一个理由，在左相国李善长的率领下，再度请朱元璋登上皇帝之位。而朱元璋则是如千百年来的惯例一样，虚伪地再次谦让不受。一直到第二天，李善长等人又第三次劝进时，他才勉为其难地答应。

到底安排好了没？怎么拖那么久啊……

照古例要先推让两次啦……

第 二 章

开国定制　功臣穷途

（公元一三六八年～一三九八年）

▶ 大明王朝建立
洪武皇帝登基

▶ 徐达智取元军
保保败逃和林

▶ 高层又见政争
杨宪失算身亡

公元一三六八年　　**公元一三六九年**　　**公元一三七〇年**　　**公元一三七一年**

▶ 知识就是力量！
各府州县普设学校

▶ 李善长因病致仕
胡惟庸接任其位

▶ 大夏宣告终结
四川归明所有

▶ 扩廓进攻成功
明军惨败而归

▶ 皇帝成为正义哥
民众拍手齐好评

▶ 为免进贡之风殃民
皇帝退回葡萄美酒

公元一三七二年　　**公元一三七三年**　　**公元一三七四年**　　**公元一三七五年**

▶ 无端卷入风波
刘基赴京谢罪

▶ 扩廓帖木儿陨落
元军将步向衰亡

▶ 叶伯巨建议削藩
惹圣怒死于狱中

▶ 皇帝自打嘴巴
竟派宦官监军

公元一三七六年　　**公元一三七七年**　　**公元一三七八年**　　**公元一三七九年**

▶ 丞相胡惟庸结党扩权

▶ 藩国朝贡未报
官员互踢皮球

▶ 千年丞相制度遭废除
皇帝统辖六部亲裁决

▶ 马皇后因病驾鹤归
朱元璋痛失贤内助

公元一三八〇年　　**公元一三八一年**　　**公元一三八二年**　　**公元一三八三年**

▶ 元室仍占云南
两路明军进逼

▶ 父子亲情实乃天性
酷刑皇帝法外开恩

▶ 皇帝难为
　工作压力惊人

▶ 汤和自愿解甲
　换得平安财富

公元一三八四年 **公元一三八五年** **公元一三八六年** **公元一三八七年**

▶ 徐达死因之谜大解密！

▶ 锦衣卫用刑过当
　刑具被皇帝焚毁

▶ 蓝玉深入大漠
　明军大获全胜

▶ 燕王朱棣智勇双全
　兵不血刃肃清大漠

公元一三八八年 **公元一三八九年** **公元一三九〇年** **公元一三九一年**

▶ 听闻百姓受灾
　皇帝迅速发赈

▶ 王国用上疏批判
　李善长案细分析

▶ 朱棣被控骄纵不法
　蓝玉桀骜身处险境

▶ 杀儿献祭治母病
　灭绝人伦非孝行

公元一三九二年 **公元一三九三年** **公元一三九四年** **公元一三九五年**

▶ 公文费时人命关天
　皇帝下诏先赈后奏

▶ 功臣穷途
　冯胜谋反理由牵强
　无奈自尽
　先行毒死所有女眷

▶ 燕王朱棣再击漠北

▶ 与皇帝论是非
　王朴无罪被杀

▶ 朱元璋高龄驾崩
　皇太孙称号建文

▶ 高人入府看相！
　朱棣即将起兵？

公元一三九六年 **公元一三九七年** **公元一三九八年**

▶ 大明律诰公布
　司法审判标准

▶ 驸马走私牟利
　皇帝照样开铡

年度热搜榜

【元·至正二十八年 明·洪武元年】公元一三六八年

—— 大明王朝建立 洪武皇帝登基 ——

朱元璋（明太祖）在去年（一三六七年）底接受百官的劝进之后，今年元月初四，便于应天正式登上皇帝之位，并将国号定为"大明"，建元"洪武"，同时册封一路跟随他打天下的马氏为皇后，立长子朱标为皇太子。在中央设立最高行政机关"中书省"，并以李善长为左丞相、徐达为右丞相。评论家表示，

朱元璋"大明"这个国号定得很有意思，既是象征一个全新的光明时代已经到来，又呼应了当初红巾军起事抗元时所提出"明王降世"的口号。不但满足了红巾军中为数众多的"明教"徒众的情感需求，在"明"的前面特意强调一个"大"字，也有取小明王而代之的意义，宣示了自己才是真正的天下共主。

正式建国之后，朱元璋不只继续在军事上增强自己的力量，也对国家的财政根基下了不少功夫。日前，他便派了周铸等高级官员，带着一百多个工作人员，前往浙西一带进行田亩的核实工作，以革新元末留下的各项积弊，厘清百姓应缴纳的田赋，避免人民有不合理的负担。在出发前，朱元璋还特别要求工作人员，一定要如实统计整理，不可徇私舞弊，否则必将严惩。另外，之前张士诚的大本营平江一带在两吴征战期间大力地支持东吴集团，慷慨地捐输粮饷，让西吴军围城长达九个多月，吃了不少苦头。所以在张士诚被消灭之后，朱元璋便下令将附近地区的税赋调高，而且是高到很夸张的地步，借此惩罚当初押错宝的那些地主富豪。

大明军南平福建
陈友定拒降身亡

朱元璋在去年（一三六七年）派兵讨伐浙东霸主方国珍的同时，也命胡美领了一支部队，由江西出发，对据守福建的元系军阀陈友定展开攻击。而当汤和摆平了方国珍之后，也受命把部队拉过来，与胡美一同合围延平。一开始陈友定还坚守不出，但就在围城第十天时，城中的兵器库却无故起火了，使得守备部队陷入一阵慌乱之中。汤和见状，便下令全军乘乱发动急攻，

陈友定兵败之后拒不投降

才终于破城而入。陈友定在兵败之后，一度还企图结束自己的生命，可惜没有死成，就这样被押回应天去了。原本，朱元璋还怀着爱才之心，想说只要陈友定肯归顺的话就放了他，但是这位败兵之将却展现出对大元的赤胆忠心，不但立场毫不动摇，还对着大明王朝的皇帝高声叫嚷着："国破家亡我可死，尚复何言？"最后朱元璋也只好放弃，将陈友定和他的儿子一并处死了。在消灭了陈友定之后，兴化、泉州、漳州等地纷纷投降，福建全境也被明军平定。目前，除了四川的明夏，以及盘踞广东的军阀何真之外，南方群雄已尽数被扫平。朱元璋接下来将可以集中全力，进行对大都的北伐之战。

两大谋士之战！ 李善长刘伯温针锋相对

朱元璋才于不久前外出巡视，刚站稳脚跟的大明王朝竟然就爆出高层不和的危机。据记者得到的独家资料，皇帝前往淮南及汴梁等地视察之后，京师的一切大小政事便交由左丞相李善长及御史中丞（监察官）刘基共同协调负责。由于李善长等早期就随朱元璋白手创业的淮西派在朝中的势力越来越大，甚至开始出现一些结党收贿的传闻，使得刘基不但不肯与之同流，还跟李善长起了摩擦。原来，朱元璋在临行前特别嘱咐刘基，要他放手对官员所犯的不法之事进行纠举，所以身为国家监察首

李善长与刘伯温两人针锋相对，情势十分紧张

长的刘基，一直很努力地做调查工作。而被刘基逮个正着的倒霉鬼，就是贪赃枉法的中书省都事丞相府职员李彬。李彬是李善长的心腹，此人一被逮捕，李善长便出面为之说情。但以刘基的脾气，当然不可能因为有人来说情就这样把罪犯给放了，他立刻派人将李彬违法的调查报告送给朱元璋。目前双方仍为了此事僵持不下，不论最后李彬是生是死，刘基与李善长之间的这个梁子是结定了。

安全下台！方国珍弃权力保富贵

之前已经归降的方国珍，怀着疑惧的心被送往应天，其后朱元璋果然信守承诺，给予他极为优厚的待遇。由于方国珍一直以来就刻意与朱元璋保持着还算不错的关系，也未曾主动攻击过明军，所以朱元璋虽然没有交付给他实权，只授予一个广西行省左丞（地方行政长官）的空衔，但仍让他保有原来的财物珍宝，甚至还赐了他不少额外的封赏。方国珍可说是当初割据南方的群雄中，还能安度晚年的极少数吧。

杀李彬 天必雨！ 李刘之争趋近白热

之前让刘基与李善长相持不下的李彬一案，又有了最新的发展。朱元璋批准执行李彬死刑的命令，就在日前送抵京师。当时，官员们正在祈雨，李善长在看到刘基手上的执行令之后，虽然当场傻眼，但还是试着阻止行刑。他质问刘基说："在进行祈雨这个重要的仪式时，怎么可以杀人，这样根本就是顶撞上天的行为。"刘基毫不动摇，只回答了一句"杀李彬，天必雨"，随即下令将李彬处决了。政治评论家认为，刘基与李善长，或是说与淮西派权贵之间的冲突，至此已经完全浮出水面。将来只怕在政府高层之间，因私怨而互相攻讦的情况会越来越严重。而一向不擅长与人结党营私的刘基，是否能在这场风暴中全身而退，除了考验他自己的政治智慧之外，也取决于朱元璋要不要继续和他推心置腹，给予完全的信任了。

元帝态度再变 转向扩廓示好

对于扩廓帖木儿与李思齐等反扩廓联盟之间的争斗，元帝妥懽帖睦尔的态度真是一变再变，去年（一三六七年）才刚下令削去扩廓帖木儿的军权及中书左丞相之职，不久前看扩廓帖木儿击败了貊高、关保的部队，又好像忽然悔悟一般，再度转而支持扩廓帖木儿，命他依军法将敌对的貊高、关保处死，还下诏恢复他所有的爵位与官衔。一般认为，元帝

我们复合好吗？

知道我的好了吧……

元帝态度摇摆不定，再度转而支持扩廓帖木儿

会做这样的决定，是因为此时明军已经渡过黄河，直指大都而来，所以才向扩廓帖木儿示好，要他领兵勤王，挡住明军的攻势。不过，已经重新得到中央支持的扩廓帖木儿，倒是没有急着率领军团去捍卫大都，而是继续与李思齐等人相互攻伐。从目前的情势来看，明军拿下大都应该只是迟早的事情。

大都被破 天子易人 市场继续交易 百姓作息照常

徐达领军北伐之后，很快便以破竹之势夺下了山东，但就在外界预测他将会直取大都的同时，明军却采取了另一战略，就是先不急着攻打大都，而是切断元廷的所有外援。在大将军徐达的命令之下，明军走水路由郓城渡过黄河直捣汴梁，先剪除了元军的左右羽翼。接下来又派冯胜（冯国胜）、康茂才等将领夺取潼关，然后据关而守，堵住李思齐等部队的来援之路。之后，朱元璋还亲自至汴梁重新部署攻势，让徐达、常遇春由汴梁率军北上，在临清与其他部队会师。又令大军沿着运河北进，连克德州、长芦、青州等地，兵锋抵达直沽，逼得元军大将也先从海口逃出。最后大军力拔通州，吓得元帝妥懽帖睦尔连夜带着后妃、家当奔窜出京，从居庸关逃往上都（陪都，为避暑行宫）避难去了。八月初二，明军填壕登城，终于夺下了象征蒙古人统治的大都。不过在此之前，朱元璋特别交代过徐达，在破城之日，绝对禁止士兵有掳掠奸淫、杀人放火等劣行，一定要让市场能够继续交易，民众能够维持平常生活，并善待元朝之宗室贵族。所以在大都陷落时，徐达只杀了监国的淮王帖木儿不花、中书左丞相庆童等数人。然后将所有的府库都贴上封条，派士兵守卫各宫殿门口，还留在宫中的女性则交由太监守护，并严禁士兵有任何侵犯及暴力的行为。于是整个城市在很短的时间内，便又恢复正常的运作，改朝换代对一般的平民百姓来说，倒也没有带来什么冲击。

驿站设立　传讯迈入新纪元 ....

为了加强联络与通信的效率，大明政府在年初时，下令在许多地方设置水马站、递运所、急递铺。因为试办的成效很好，所以到九月时，便扩大实施，在各水陆交通要道，每六十或八十里设置一个"驿"，以传递军情及紧急公文，并负责过往官员迎送。学者认为，在驿站系统建置完成之后，由于讯息的传递更有效率，将使得中央政府控制各地方的力量更为增强。

京城午门设登闻鼓　开放民众击鼓申冤

为了杜绝官员舞弊或欺凌百姓，以及减少冤案的发生，朱元璋已在日前下令，于京城的午门之外设置登闻鼓，接受来自民众的直接陈情。依规定，每天都会有一名御史轮值监督登闻鼓。不管是民间的诉讼冤屈（监察官）、各级政府该受理却不让民众陈述也不给审理的案子，或者是涉及机密的重要案件，都允许百姓击鼓申冤，然后由轮值的御史引见奏闻。不过，当然也不是所有的案件在击鼓之后都会被受理，像是一些关于户籍

婚姻、田产土地，或是斗殴、军役等的事件，则只准向相对应的责管衙门告发，而不得鸣鼓申冤，轮值的御史也不许擅自接状。办法中也规定，如果有人企图以自残的手段胁迫守鼓官员接状的话，那么守鼓官员应立即使用刑具，当场将其拘捕，然后再向上奏报案情，并追究是否有人涉嫌教唆。一般认为，登闻鼓的设置不但直接给百姓提供了一个申诉的渠道，也间接遏阻了某些渎职官员的恶行。

大明军团西推进
第一目标王保保

虽然明军已经攻下了大都并将之改名为"北平",但元军的力量并未真的被剪除干净。环顾四方,扩廓帖木儿在山西的军力仍不可忽视,而陕西一带则有李思齐、张良弼等元系部队拥兵自重,在辽阳一带更有纳哈出盘踞,连在四川都还有明升的大夏政权。这些势力对朱元璋才刚刚建立的大明来说,还是一大威胁。为了早日平定天下,朱元璋在九月时,再度派徐达、常遇春率领大军西进,准备对扩廓帖木儿进行扫荡了。

扩廓帖木儿的势力已成为明军扫荡的第一目标

君臣关系生变？　　刘基请辞获准

朱元璋长久以来极为倚重的核心幕僚刘基,在今年夏天因为妻子去世的缘故提出了致仕(退休)的申请,并且获得了批准。相较于之前老是舍不得刘基离开自己太久,朱元璋这次竟然愿意让他告老还乡,似乎也意味着两人之间那种紧密的关系开始出现了松动。据记者得到的情报,这样的变化,其实和李善长及淮西集团脱不了干系。刘基自从上次李彬事件得罪了左丞相李善长之后,李善长便不断利用各种机会进行挑拨,先是向皇帝告状,说刘基在坛土下杀人是不敬之举,又让之前那些曾被刘基纠举的官员也都跳出来诬陷他。这时因为正逢天旱,所以朱元璋便要求群臣对此提出对策。刘基上奏说:"由于阵亡、病故将士的遗孀,被迁往寡妇营不

许改嫁的有数万人,阴气郁结,加上许多工匠身故之后,腐尸骨骸暴露在荒野中,没有安葬,而投降的张士诚麾下将吏都被编为军户,得不到宽大的对待,怨气无法消散,才会导致天旱不雨。"而朱元璋也一如既往地完全照着他的话去做,妥善处理这三件事。只不过这次素有神机妙算之称,善于观天象知因果的刘基竟然失准,十天之后,天空还是没有降下半滴雨。这使得朱元璋对刘基的能力开始感到怀疑,加上周围又有那么多人在说他的坏话,所以才会在这个时候批准了刘基的离职而未加慰留。不过,刘基在离开之前,还是语重心长地上疏提醒朱元璋,要他取消把故乡凤阳营建为国都的构想,并且叮咛在对扩廓帖木儿作战时,绝对不能过度轻视。

趁敌背后空虚　扩廓挺进北平

大明军团在留下部将孙兴祖驻守北平之后，徐达、常遇春便将主力部队分成两路同时挺进，准备对扩廓帖木儿形成夹击之势。其中由常遇春率领的北路军，一路南下保定、中山、真定，直逼山西而来。而由徐达率领的南路军，则前进到彰德一带。扩廓帖木儿在探得作为徐达军前锋的汤和部队，已经孤军冒进地从怀庆打到泽州时，便立即派出一支劲旅攻击汤和的部队。双方在韩店一带爆发了激烈的战斗，最后明军以惨败收场。已经躲到上都的元帝妥懽帖睦尔在听到这个振奋人心的捷报之后，高兴地立刻下诏晋封扩廓帖木儿为"齐王"，并赐金印，还要他统率所有的军力收复大都。而据前线记者得到的最新情报显示，目前扩廓帖木儿已抓准明军精锐尽出的大好时机，调集主力北出雁门关，直接向大都进发。

朱元璋因无法解读星象，又将已退休的刘伯温召回

还乡不过三月　刘基又被召回

朱元璋批准了刘基的致仕才不到三个月的时间，便又因为无法解读最近异常出现的天象，而写信将其召回。而且，这次不只要刘基回中央政府任职，还打算给他加官晋爵。刘基虽然乖乖地回到了京师，但他一再坚辞这样的册封，不想贪图虚名，让自己惹上不必要的麻烦。后来，朱元璋为了表示对这位"老先生"的特别肯定，便追赠刘基已故的祖父及父亲，让他们都位列公爵。不过朱元璋与刘基之间，到底能不能回到之前那种君臣交心、相谈甚欢的美好时光，还是未知之数。

明军夜袭老巢　扩廓兵溃败逃

之前趁着明军后防空虚之际，亲率大军出雁门关直扑北平的扩廓帖木儿（王保保），原本打算如果徐达不还救的话就直接夺取，要是还救的话就在半路予以截击。但是徐达的反应，却不在扩廓帖木儿原先预设的选项之中，因为他选择了直接强攻扩廓帖木儿的老巢冀宁。结果这样一来，反而使先下手的扩廓帖木儿陷入被动，不得不回师扑救。不过扩廓帖木儿麾下的元军可是以善战闻名，就在他们紧急回师之后，一万名精锐的前锋部队便意外地与明军遭遇了。明军没有心理准备，只能靠着傅友德等将领率领着数十名的敢死队不断向前冲锋，才暂时挡住了元军

的攻击。就在这个时候，扩廓帖木儿手下的一位部将刚好秘密派人前来向明军传达归降之意，并表示愿意做内应。于是徐达便在约定好的日期，派出精锐骑兵乘夜衔枚进攻，并以火把为号令，里应外合。忽然受到内外夹击的元军阵营大乱，明军主力紧接着又发动进攻，一下子便打得元兵溃不成军。而原本正在烛火下研读兵书的扩廓帖木儿，一时之间也惊慌失措，只穿了一只鞋子，就随便骑上一匹瘦弱的小马，带着十八位随身侍卫逃走了。在扩廓帖木儿下落不明之后，剩下的元军也全数弃械投降，使得徐达不但顺利拿下冀宁，还增加了四万军力。

想要偷袭明军大本营的扩廓帖木儿，最后自己的根据地反而先遭受对方攻击

倭寇嚣张　肆虐沿海

　　自从张士诚、方国珍等人相继被朱元璋消灭或是归降之后，原先这些集团中，没有归附明军的若干残存旧部，便亡命逃入海中，并与日本的浪人结盟，组成了海盗集团。近来，这批被称为"倭寇"的海盗行径可说是越来越嚣张，不只在海上肆虐横行，还屡屡劫掠山东的沿海地区，严重侵犯当地百姓的财产及生命安全。

元皇帝惊慌逃入漠北　常遇春病逝凯旋途中

　　在扩廓帖木儿败逃之后，山西的元军势力已被明军铲除，于是常遇春便领兵向陕西的李思齐发动攻击。两军短暂交手之后，李思齐自知不敌只好投降，归顺到明军帐下。不过就在明军主力兵团节节获胜的同时，元朝的中书右丞相也速则是趁着明军西征之际，领兵反攻通州。而常遇春一得到急报，便立即与李文忠率九万步骑回军相援，不但连败元军，还直捣上都，逼得元帝妥懽帖睦尔再往北逃入沙漠之中。但常遇春岂肯让对手就这样溜走，他亲率部队追击了数百里之远，最后俘获近万名的将士，掠得三千匹马、万余辆车，以及五万头牛。只是正当大家都在想着会得到何种程度的封赏时，常遇春却在今年七月病死于回师途中。根据记录，性格深沉而勇猛的常遇春，自从领兵征战以来，不曾尝过败绩。他虽然没有读过兵书，但用兵之法却往往与古代名将相合，经常自诩

　　能够统兵十万横行天下的他，也因此被称为"常十万"，可说是朱元璋在徐达以下的第二号战将。朱元璋惊闻噩耗，悲痛不已，已准备要在常遇春灵柩运回时亲自出迎祭奠，并追封他为"开平王"，赐谥"忠武"。至于常遇春的部队，就改由李文忠统率，并前往庆阳与徐达的大军会合。

避免宦官弄权 太监不得识字

朱元璋在当上皇帝之后，虽然也在宫中留用了许多宦官，但他鉴于历史上屡见宦官为祸，因此特别下诏对宦官的权力加以限制。在最新的规定中，内宫太监即日起不得念书识字，而且从今以后都要照此办理。朱元璋表示，他在读《周礼》的时候，发现在周朝时宫中的阉人总数还不到百人。而经过历代演变之后，竟然增加

到数千人之多，以致终于酿成大患。从这些阉人之中，若要找到良善之辈，概率可能连百分之一二都不到。所以，如果皇帝将他们当作耳目的话，就会耳目不明而蒙受欺蔽；当作心腹的话，日后就会成为心腹大患。朱元璋更明确地指出，这些宦官要负责的只是些宫内的洒扫、使唤及传令罢了，绝对不可以交付重要的任务给他们，以免他们因为获得功绩而变得骄傲放纵。为了大明王朝的长治久安，所以他才立下此项规定，并要求后代子孙严格遵守。一般认为，若往后的历代皇帝都能恪守这项祖训，那必定能让这个新兴国家免除历史上宦官乱政的忧虑，但就只怕实施没几代，新接手的皇帝便会图自己的方便而漠视这项规定了。

明军再下庆阳 守将投井获救 仍遭斩首示众

明军在山西击败扩廓帖木儿的主力军团之后，转而围攻庆阳，而原本想要倚靠扩廓帖木儿外援的庆阳守将张良臣，由于被明军切断了联系，陷入了孤立无援、弹尽粮绝的困境。经过了多日的围困，已经没有存粮的庆阳城中开始出现吞食泥土的惨状。在苦等不到友军来援的状况之下，部分城中守军终于无法再继续忍受而自行开城

投降。当徐达领兵进入庆阳城时，张良臣见大势已去，就跳入水井中企图寻死。但对一个败军之将而言，连想要依照自己的方式结束生命也是一种奢求。因为他才投井没多久，便被徐达命人给拖了出来。那么，徐达是好心要救他吗？倒也不是，只是想要将他当众斩首，以作为顽抗不降者的警示罢了。

数度招降
明夏政权仍未回应

环顾天下，大半江山已尽在明军的掌控之下，唯独在四川的大夏政权，还倚仗着蜀地天险而置身事外，远离中原的混战。原属于天完系统的明玉珍在独立为大夏皇帝之后，便积极地治理此地。他在一三六六年去世，然后由年仅十岁的儿子明升继承帝位，从此大臣之间相互斗争的情况便越来越严重，国力有明显下滑的趋势。不久前，朱元璋又派人前往蜀地招降，但众大臣仍是各有坚持及算计，并没有对明军开出的劝降条件做出任何回应。

扩廓再起　兵围兰州

之前狼狈败逃的扩廓帖木儿收聚残部，很快地便又重新集结了一支重兵，并趁着明军南还的时候率兵对兰州发动攻击。而明军镇守巩昌的鹰扬卫指挥使于光在得知这个消息之后，立刻率兵前往救援。不过，于光的反应却早在扩廓帖木儿的预测之中，部队才行进到一半便受到元军的截击，于光也在此役中被敌军俘虏。之后元军将于光押往兰州城下，强迫他向城内喊话，叫守将张温出城投降。结果于光并没有依照元军的要求进行劝降，而是大声地呼喊着要守军加强防卫，并表示大将军徐达所率领的援军就快要抵达了，使元军气到用鞭子把他的脸抽打得血肉模糊。虽然于光后来伤重不治，但城中守军却因为他的喊话而更加强了抵抗的决心，目前仍在坚守之中。

知识就是力量！
各府州县普设学校

为了从根本上增强国力，朱元璋已经决定要从教育着手。日前，大明皇帝便发出了一道诏令，宣布全国各府州县都要设立学校。府级的学校设教授一名、训导四人，收生员四十人；州级的学校设学正一名、训导三人，收生员三十人；县级的学校设教谕一名、训导二人，收生员二十人。在各级学校任职的学官可享有月俸，而校内的师生则可按月领取粮米。

可口可乐庆祝大会

我最爱喝百事可乐。

喂！你要照稿子念啦！

被押着劝降的于光竟然反过来激励守军

79

年度热搜榜

明两路北进 元兰州撤围

在得知扩廓帖木儿率兵围攻兰州的消息之后，大明政府高层为此召开了紧急军事会议。包括徐达在内的所有将领，因为都不想与扩廓帖木儿的部队正面交锋，所以都主张派大军直扑元帝妥懽帖睦尔所在的应昌，以逼迫扩廓帖木儿从兰州撤军。但最后朱元璋却力排众议，决定将主力军团分为东西两路。西路军由大将军徐达率领，与邓愈、汤和一同自潼关经西安救援兰州，并伺机歼灭扩廓帖木儿的本部兵马。东路军则在左副将军李文忠的指挥之下，与冯胜从北平经居庸关直捣应昌。而正在围攻兰州的元军，一得知明军即将来援的消息，就立刻撤围而走，兰州被破城的危机也终于解除。

你们要保护好爸爸啊……

……

朱元璋分封诸子为王，以期他们能拱卫皇室

御外保内 九子封王

今年夏天，朱元璋正式册封他的九名皇子为王，分别是秦王朱樉（朱元璋次子）、晋王朱棡（朱元璋三子）、燕王朱棣（朱元璋四子）、吴王朱橚（朱元璋五子）、楚王朱桢（朱元璋六子）、齐王朱榑（朱元璋七子）、潭王朱梓（朱元璋八子）、赵王朱杞（朱元璋九子）、鲁王朱檀（朱元璋十子），同时又分封从孙朱守谦（朱元璋侄朱文正之子）为靖江王。朱元璋表示，之所以做这样的安排，是仿效古代的封藩建国制度，对外可以抵御外敌、保卫边疆，对内则能拱卫皇室、避免权臣凌主。在规划中，各王府之中都设有专属官员，以及三千名至一万多名的护卫甲士。诸王的服饰、府第等各项规格，也都只比皇帝低一级。公侯等贵族见诸王时要行跪拜之礼，而内外大臣则不得与诸王对等行礼。不过到时诸王前往各封国就藩之后，对当地的百姓并没有管辖权，也就是说诸王并不临民，只有王号而没有实际的疆土。

徐达下令部队在夜里制造噪声来骚扰元军，让敌人每天晚上都不得休息

徐达智取元军 保保败逃和林

听闻明军来援便从兰州撤围的扩廓帖木儿，下令全军移驻安定，并放纵手下的兵士四处掳掠，附近许多居民的妻儿家产全都遭到蒙古兵的洗劫。等到徐达大军抵达之后，便与扩廓帖木儿的部队隔着深沟扎营对峙，双方兵马每天都进行好几回合的交战。徐达还下令部队轮流在夜里制造噪声来骚扰敌军，搞得扩廓帖木儿的士兵每晚都失眠，根本没办法休息。就这样连续疲劳轰炸了数天，有一天夜里明军忽然偃旗息鼓，一点声响都没有。结果已经疲累多日的元军，便因为一时的放松而纷纷倒头昏睡，而徐达也抓住了这个时机全军出击，大败其众，斩首无数，还生擒了严奉先、韩扎儿、李景昌、察罕不花等将领。扩廓帖木儿本人灰头土脸地带着妻子，在几个侍卫的保护之下仓皇逃窜。行至黄河时，还因为后有追兵而只能抱着木头冒险渡河，不过最后他仍安全地逃到和林去了。而奉命追击的明军将领郭英，则是在追到宁夏之后，才因追赶不及而回师。徐达此役大获全胜，共计俘虏了大元官吏一千八百六十五人、将校士卒八万余人，马匹一万五千余匹，外加大量的骆驼、驴骡、牛羊等牲畜。

元帝驾崩 新主北窜

扩廓帖木儿惨败的同时，应昌也传出元帝妥懽帖睦尔驾崩的消息，使得李文忠逮到机会发动奇袭。可怜的爱猷识理达腊才继承帝位不久，就落到只能带着数十个贴身侍卫狼狈北逃的下场。而爱猷识理达腊的儿子、后妃，数百名元廷官员，以及六万兵民，全成了李文忠的俘虏。

大明开科取士

在政府各部门逐渐稳定运作之后，朱元璋已于日前正式下令开科取士。新的科举办法规定，三年一试，每逢子、卯、午、酉年八月举行"乡试"，次年的二月则举行"会试"。而在考试内容方面，办法中也做出了明确的规范：第一场考《五经》和《四书》，第二场考"论"，第三场则考"策"。三场考试都通过的人，便于十天之后复试骑术、射箭、书法、数学、律学五门。表现优良者，便可得到任官的机会。

新的元帝登基不久，就被明军打得狼狈北逃了

久旱未见甘霖　元璋亲自祈雨

由于久旱无雨，给农作物造成极大的伤害，使得朱元璋在今年五月底宣布要亲自斋戒祈雨。据了解，在整个斋戒活动期间，是由皇后及妃子亲自掌厨，皇太子及诸王则在斋所内吃饭，祈求降雨。六月初一当天，朱元璋身着素服、脚上穿草鞋，以徒步的方式来到祭坛，然后在铺着稻麦秆子的地上席地而坐。朱元璋白天头顶烈日，夜间也露宿于此，就这样前后连续了三天之久。在完成仪式之后，朱元璋还下诏赏赐出征将士，并给狱中的犯人减刑。不知道是本来就快要下雨了，还是上天真的被朱元璋求雨的诚意感动了，到初五时，竟然就真的天降甘霖，缓解了旱情。

以利诱之　商人协助运粮

由于储存在大同的粮米，从山东、河北运送到太和岭，路途遥远，运输成本过重，所以山西行省的官员在日前便提出了一项可行的建议。也就是将贩盐法令与边疆生计结合，由商人来代替政府运粮。而要让商人愿意投入及配合，当然就必须提供他们可以赚进大把银子的机会。于是在这个办法中规定，凡是商人在大同的粮仓缴纳一石米，或是在太原的粮仓缴米一石三斗，便可以换取政府发给的准盐一引，每引二百斤。而所谓的"盐引"，就是由政府核发的贩盐许可，商人在拿到凭证之后到指定的盐场支盐，再将盐运到指定地点销售，这样就能够赚取丰厚的利润。据闻，该提案已得到朱元璋的批准，准备实施。一般认为，此法的施行，将可以有效解决边境守军的军粮问题，可说是为政府及商人制造了双赢的机会。

高层又见政争　杨宪失算身亡

中书左丞杨宪日前因犯罪被处死一案，尽管对政坛造成极大的震撼，但政府到目前为止，却还没有针对杨宪所犯的案由做出其他说明。幸好在记者的追踪调查之下，还是挖掘出了事情的真相。据不愿透露身份的政府高层表示，杨宪聪明有才、办事牢靠，在之前任官期间一直为朱元璋所信任。不过，自从他进中书省掌握了实权之后，其心胸狭窄的个性便显露出来。他开始试着改变办事成例，把原有的官吏都一一汰换罢免，然后换上自己的

差点就被他给弄死了……

杨宪屡次排挤汪广洋，到最后自己难逃一死

心腹亲信。当时汪广洋担任中书左丞，而杨宪还只是右丞。虽然汪广洋刻意保持模棱两可的态度，一切交由杨宪专断，但还是逃不过对方的极力排挤。杨宪甚至教唆御史刘炳弹劾汪广洋，说他侍奉母亲没有尽孝，使得汪广洋因此被朱元璋严斥，并让他辞官回乡。谁知杨宪到此仍未死心，非要把汪广洋赶尽杀绝不可，所以又上奏请求将汪广洋流放到海南去。只不过这样一来，反而使朱元璋开始怀疑，猜测杨宪是否想要图谋不轨。这时，御史刘炳又再次对汪广洋提出弹劾，于是朱元璋便判定这一定是刻意的排挤诬陷。刘炳被下狱受审，最后供出是受到杨宪的指使。朱元璋大怒之下，当即下令将杨宪、刘炳处死，并重新召回汪广洋。

朱元璋大封功臣　刘伯温竟不在列

在大败扩廓帖木儿及新任元帝爱猷识理达腊的大军，将其逐回蒙古荒漠之后，朱元璋于日前大封功臣，并亲自确定所有人的名次排行。在诸位功臣中，排名第一的是李善长，其爵位也由宣国公改封为韩国公，而徐达则是由信国公升为魏国公。已故的开平王常遇春之子常茂被晋封为郑国公，李文忠为曹国公，邓愈为卫国公，冯胜为宋国公。自中山侯汤和以下，位列第二等侯爵的也有二十八人，并与公爵一样获颁诰命及铁券。只是在宣布完

数十位的第三等伯爵之后，竟然都没有念到刘基的名字。这位随着朱元璋打天下的核心幕僚，明朝开国的第一谋士，是在经过二十天以后，才被想起来而补封了个诚意伯的爵位，而且俸禄只有二百四十石，比同样是伯，功劳却远不及他的文臣汪广洋还少了一百二十石；若是与李善长的四千石相比，那就更是天差地别了。这样奇怪的安排，确实跌破所有人的眼镜，各政论节目也纷纷在探讨朱元璋与刘基之间到底是出了什么样的问题。

得奖的人都请上台！

……

朱元璋首次大封功臣的时候，并没有把刘伯温的名字放在其中

【专题报道】铁券

　　"铁券"是皇帝赐给功臣，允诺其世代享有特殊优厚待遇，以及犯罪时可以免死的一种凭证。铁券为瓦状铁制品，其上所有的字体都以黄金镶嵌。依照功勋的差异，共分七个等级，而各等级的长宽尺寸都不同。铁券的外侧刻着持有人的履历和蒙恩次数，详尽记载着所有为国贡献的功绩。而内侧则刻有免罪减禄的次数，以提醒持有人不可再犯。每份铁券都分为左右两边，左半边颁给功臣，右半边由朝廷收执，有事时则左右两半勘合以作为查验之用。

户帖制度正式实施

为了改善自元朝末年以来，因为百姓的户籍散失严重，而导致征税没有依据的混乱情况，大明政府在今年十一月，已经由户部开始推行新的"户帖制度"。将所有百姓的户口分为民户、军户、匠户三类分别管理，户籍身份一旦确定之后，子孙的身份也成为世袭，就连户籍地址也是固定的，没有任意搬迁或是更改的自由。户帖为一式二份，分别用半印钤记，百姓持有的称为"帖"，而户部留存的则称为"籍"。在户帖及户籍资料中，必须翔实登录百姓之籍贯、丁口、姓名、年岁，并记载该户之田产、房屋、牲畜等财产。然后每年官府都会对辖区内的所有户帖进行核对检查，同时也记录其变动。而实际的户口清查工作，中央不但会督促各地方政府普查，还会动员军队去实地清点家口人数以做勘合，若经比对发现有登录不实或躲避登载者，都要受到充军的处分。若发现承办官吏有舞弊隐瞒的情形，斩立决，以作为其他官员的警示。

逃兵问题恶化　立法加以严惩

据统计，从吴元年（一三六七年）十月到现在，明军累计的逃兵人数竟然已经多达将近四万八千人。为了避免这种情况恶化，朱元璋下令对这些逃兵进行追捕，同时也立法严惩。至于各级军官，将依其麾下逃亡人数之多寡，对其管理不力，分别给予罚俸、降级、革职等处分。而逃兵的事实如果发生在从征期间，则所有的罚责都会加倍。

针对日益严重的逃兵问题，政府已经立法严惩

年度热搜榜

李善长因病致仕　胡惟庸接任其位

　　大明政府发布最新的人事消息，由于中书左丞相李善长因病致仕，所以改由胡惟庸接任左丞相，之前曾被杨宪陷害，后来又重新获得起用的汪广洋为右丞相。不过政论家一致认为，目前朝中高官大多属于淮西集团，而李善长又是此集团的精神领袖，纵使他退休还乡，对国内政坛的影响力也仍然存在。

刘基告老还乡　不再过问政治

　　曾是明军阵营中核心幕僚的刘基，不久前以年老为由再次申请致仕获准，并宣布永远退出政坛，从今以后回到家乡务农，不再过问政治。评论家表示，或许对上次朱元璋大封功臣时的刻意打压感到心灰意懒，或许对高层政客们的恶斗逐渐厌烦，也或许是嗅到了未来可能会出现的危机，才使得刘基萌生退意。据闻，在刘基回到老家青田之后，当地的县令（地方行政长官）曾多次表示要前往拜会，但都被刘基婉拒了。后来，县令不死心，改成微服私访。刘基以为只是寻常的访客，便热情地招待他，直到在闲谈间发

现对方真实的身份，才惊得连忙下跪磕头。昔日皇帝御前的红人，如今却做出这样的举动，当然令青田县令尴尬不已，赶紧想要扶起刘基。但刘基仍然谦称自己目前只是个乡野村夫，没有资格与官员平起平坐，一同闲谈喝酒。在这件事之后，刘基便将自己完全封闭起来，不再接见任何外人了。

君臣握手尽释前嫌　扩廓扛起复国大任

　　之前几乎已经被明军逼到绝境的元帝爱猷识理达腊，与仅以只身败逃的扩廓帖木儿在和林会合之后，这对同为天涯沦落人的君臣，便以恢复大元的荣光为目标，尽释前嫌，再度携手合作。爱猷识理达腊任命扩廓帖木儿为中书右丞相，把全部的权力及复国的重责大任都交托给他。而扩廓帖木儿目前也已经积极地在招聚失散的部队，准备东山再起，重振大元的往日雄风。

大夏宣告终结　四川归明所有

朱元璋一统天下的棋局，终于下到了四川这一块。一支由汤和、廖永忠率领的大军从东路进川攻重庆，另一支傅友德所率的部队则从北路入蜀取成都。但由于夏军据瞿塘峡天险固守，不仅在峡上安了吊桥，还在吊桥上加装石弩，用以攻击来犯的明军水师船舰及岸上拉纤的船夫，使得汤和的部队在强攻了三个月之后仍是破不了关。倒是傅友德趁着夏军将注意力集中在东线战事的时候，找到敌方防线的空当一举南下，连续攻克了阶州、文州、绵州、汉州等地。在得手之后，傅友德把军情写在木牌上投入江中顺流而下，借此与东路军互通信息。廖永忠得报，决定改绕小道攻瞿塘峡，先以炮火摧毁了吊桥，再强攻瞿塘峡阵地，然后西上夺取夔州，直逼重庆而来，大夏皇帝明升也因无法扭转颓势而出降。与此同时，北线的成都也不战而降，大夏政权自此走入历史之中，辖下八万四千余民户全归大明王朝所有。

粮长制度建立　协助政府征粮

为了让政府在征粮的工作上更为顺利，朱元璋已在今年九月下诏设立粮长制度。在新的规定中，将以地方上田土较多的地主为粮长，主持纳粮规模约一万石的地区内，所有田粮的催征、点收以及解运。除了征粮的工作之外，粮长也同时负有教化乡民、检举不法官吏等职责，而且可直接向皇帝报告。如此一来，散布在全国各地的粮长，便成为协助皇帝维持基层社会秩序、监督官吏与地方豪强，并维护中央集权统治的工具。

年度热搜榜

扩廓帖木儿

冯胜

蓝玉

徐达

李文忠

明军三路北进 和林志在必得

在顺利拿下四川之后，大明现在仅存的威胁，就是已撤退到漠北的扩廓帖木儿。不过，据最新的情报，扩廓帖木儿目前集结的兵力总数已经突破了十万人，要是不尽早予以铲除的话，只怕将是未来的一大隐忧。所以朱元璋便调集了十五万人的精锐部队，兵分三路：中路主力军团由第一大将徐达率领，从雁门关出塞，跨过戈壁沙漠，直趋元帝及扩廓帖木儿大本营所在的和林。东路军由李文忠率领，从居庸关至应昌，然后从西北方

对和林形成夹击之势。西路军则由冯胜率领，向甘肃进发，以作为混淆敌人的疑兵。据前线传回的最新战报说，徐达的先锋蓝玉出雁门关向北挺进，在野马川（克鲁伦河）遭遇到一支元军。两军交锋，最后由明军新一代的年轻将领蓝玉取得这场战役中的首胜。而明军主力也在土喇河一带，发现由扩廓帖木儿亲自率领的一支蒙古部队，在短暂接战之后，扩廓帖木儿已向和林方向退走，徐达也令全军继续向前推进。

扩廓进攻成功　明军惨败而归

当徐达大军追击扩廓帖木儿，一路前进到和林之后，忽然出现为数众多的蒙古军团，将明军给团团围住。原来这些都是扩廓所设下的圈套，先以自己为饵假装落败，将敌人诱入埋伏圈中，然后再让早已等待多时的主力军团伏击明军。接着扩廓的部队也急速掉转，与伏兵一起夹击徐达大军，令其首尾不能相顾。之前未曾尝过败仗滋味的徐达，居然在这场战役中栽了个大跟头，在损失数万人之后匆忙撤退。而李文忠所率领的东路军，也是在紧追元军时，遭到敌军的掉头抗击。

由于形势忽然逆转，明军只能在临时搭建起来的防御工事中拼死抵抗。就这样撑了三天，元军才放弃攻击而撤退，李文忠也只好带着这些饱受惊吓的兵士撤回甘肃。倒是原本要当作疑兵的冯胜部队，在这次行动中，沿途打了不少胜仗，也俘获了不少的牲口带回内地，将河西走廊稳稳地收入大明王朝的版图之中。学者表示，此役可说是朱元璋起事以来所遭遇的最大挫折。经此惨败之后，他原本想要开疆拓土的雄心壮志，可能也随着狼烟消散在戈壁沙漠之中了。

皇帝成为正义哥　民众拍手齐好评

在隆冬的十二月，外出巡视的朱元璋在行经京城三山门的时候，无意间瞥见了几个在护城河中蹚着水，不知道在捞什么东西的农夫。由于这时早已天寒地冻，根本不可能会有人想要站在冰冷的水中，所以此举引起朱元璋的关注。结果一问之下，才晓得这几个农夫是被征召来服劳役的，不慎得罪了督工的官吏，使得赖以为生的锄头被扔到河里去，他们只好冒着严寒下水捞锄头。于是朱元璋便命兵士前去帮忙打捞，另外又赏了一些锄头等工具给这几个农夫。之后，又差人立刻去把那些整人的督工官吏叫到现场痛打一顿。同时下令所有

你被丢进水里的是金锄头还是银锄头呢?

被征召来京服役的农民一律停役，立即放假回家。而皇帝痛惩恶吏的消息很快地就传遍了京城内外，获得民众一致的好评。

北伐失利重心转移　文官权能凌驾武将

在北伐扩廓帖木儿失利之后，大明政府似乎已经放弃了向北扩展疆土的野心，开始将国家的经营重心放在制度的创建上。资深评论家指出，虽然还是必须保留强大的武力作为国防屏障，但军事问题在现阶段似乎已经不是朱元璋最关心的。也就是说，接下来，曾经协助他打天下的这批功臣武将，尽管目前仍位居政府要职，但这些人在大明政权中的作用及地位都势必逐渐降低，其重要性将会被那些能为国家设计出良好制度，维持长治久安的文职官员所取代。

年度热搜榜

给事中位卑权重　分六科督察百司

大明政府在一三六七年仿宋朝体制设立了给事中（监察官）之后，于今年三月又将给事中依中央六部的职掌，划分为吏、户、礼、兵、刑、工六科，以对六部进行监察。在设置办法中，明确规定了给事中的职责为"侍从、谏诤、补阙、拾遗、审核、封驳诏旨，驳正百司所上奏章，监察六部诸司，弹劾百官，并与御史互为补充"。品级虽然只有正七品（之前定为正五品），但却位卑而权重，除了直接向皇帝提出净谏之外，最主要的功能则是在于监督其科别所对应的行政部门，对其施政、奏章有疑义之处提出驳难或弹劾。

无端卷入风波　刘基赴京谢罪

两年前已致仕回乡，不再过问政事的刘基，日前竟然又卷入了"谈垟案"当中。在记者深入调查后发现，在浙南一个叫谈的地方有一块空地（垟是浙江话"田地"之意），夹于浙闽两省之间，向来难以管辖且常有乱事发生。之前刘基还在朝中的时候，建议在此处建立一个巡检司（地方治安机构），以加强巡逻。结果治安是有改善了，但因为妨害了当地豪强的私盐买卖，挡了人家的财路而惹祸上身。于是在他下台之后，这些豪强便一状告到京城，说刘基真正的用意是想借着巡检司将地主赶走，以得到这块有王气的地来修他自己的祖坟，这样他将来的子孙就能当上皇帝。无端被卷入这件事的刘基怎么讲也解释不清，只好亲自赴京谢罪，并表明今后将待在京城中不再回乡，方便政府可以就近看管他。朱元璋当然知道刘基不可能有谋反之心，再加上看到他这种可怜兮兮的样子，所以也不想再深究此事，便下令保留其诚意伯的爵位，但所有的俸禄则予以免除。看来刘基留居京城的日子也不会好过，不但在没了俸禄之后生活将陷入困顿，还可能动辄得咎，随时惹祸上身。当年在朱元璋身边意气风发的军师刘伯温，此时已不复见了。

王保保兵犯大同 大明军奋力击退

王保保（扩廓帖木儿）不久前又挟去年大败明军之势，引兵向大同发动攻击。不过在有了上次的惨痛教训之后，徐达再也不敢掉以轻心。他很快便调派了足够的部队协防大同，并顽强抵抗扩廓帖木儿的攻势，最后终于将之击退，也阻断了扩廓帖木儿一举南下恢复大元的企图。

年度热搜榜
【元·宣光四年　明·洪武七年】公元一三七四年

—— 为免进贡之风殃民　皇帝退回葡萄美酒 ——

西域这几年才刚归附于大明的一些部落，于日前特地进贡了一批当地特产的葡萄美酒给大明皇帝。朱元璋虽然觉得很开心，并照例赏赐了部落酋长一些绸缎衣物，但他并没有收下这批葡萄贡酒，而是让使节们将酒及礼物带回，还告诉他们以后不必再进贡此物。事后朱元璋以此告诫官员们，他说："衣食只要够用就好了，多余的欲望只会带来不必要的灾祸。像之前元朝的时候，就是因为要西域进贡葡萄酒，使得贡使不绝于途，连

带害得沿路上的百姓受苦不堪。那种惨状我可是见识过的，所以现在决不能再因为这样而祸害百姓。"据记者得到的资料，其实不只这次的葡萄美酒被退回，早在大明建国之初，湖广进贡竹席、金华进贡香米，以及去年（一三七三年）潞州进贡人参，也都一一被朱元璋退回。为的就是不想开进贡之风，增加百姓的负担。从这一点看来，从社会底层起家的朱元璋，关注的事物还是不同于历代那些权贵出身的统治者。

文忠蓝玉北击获小胜　元明两军边境再僵持

今年再度受命北伐的李文忠，以及近来表现亮眼的新锐将领蓝玉，两人又于不久前传回捷报。在这次的行动中，明军不但俘获了大元高官不花等人，还攻克了大宁、高州，先后斩杀了元朝的宗王鲁王，擒获其王妃、大臣数十人，以及为数众多的马驼牛羊。军事分析师表示，由近来的几场战事评估，扩廓帖木儿虽然重新站起，但实力并没有达到足以南下复国的程度。而明军虽然强盛，其力量却也没有办法深入漠北，将残存的旧元势力一举清剿。所以，目前元明两军在边境上，这种互有胜负却又相持不下的状态，可能还会再持续一段时间。

李文忠与蓝玉北征蒙古的行动又传回捷报

重定军卫之政 军事制度更为完备

洪武元年（一三六八年），朱元璋采用了刘基的建议，正式创立卫所制。经过多年的试办，他又于日前重定军卫之政：以五千六百人为一"卫"，其下每一千一百二十人设"千户所"，其下每一百一十二人设"百户所"，每个百户所辖二个"总旗"，每个总旗辖五个"小旗"，每个小旗则领兵十人。而从"卫指挥使""千户"到"百户"等军官，皆是世袭，当死亡、老病或退休之后，都由后代继承其位。数个卫之上设"都指挥使司"，但不论是都指挥使还是卫指挥使，都隶属于"大都督府"。

朱元璋在国家基础都打稳之后
开始对付功臣，令人有兔死狗烹的感觉

兔死狗烹　　廖永忠逾制被诛

　　日前，当朝名将廖永忠因为遭人告发僭用一些只属于皇帝层级的物品，而以僭越礼制之罪遭诛杀。由于此案震惊国内政坛，而且罪名定得实在是有些牵强，所以也引起了各界的讨论。有评论家就认为，在廖永忠家里所查获的这一批罪证，是当年（一三六六年）迎接小明王到应天时，韩林儿所携带的御用器物。而当韩林儿在瓜步翻船溺毙之后，这批龙凤政权的东西一部分归朱元璋所有，另一部分则赏赐给了廖永忠等将领。多年来，很多人都使用着这些东西，也一直没有出过什么事。但如今朱元璋却以此理由把跟随多年，也立下不少大功的廖永忠处死，这背后的动机非比寻常。极有可能是在国家基础已经打牢之后，准备扫清内在的威胁，一一铲除这批手握军权的武将，避免在他死后发生权臣凌主或篡位的情形。如果真是如此的话，那么廖永忠之死，就不会只是个案，接下来只怕会有更多的功臣，将被安上各种莫须有的罪名，成为历史上众多兔死狗烹、鸟尽弓藏的案例。

胡惟庸下毒？一代军师刘伯温病逝

> 这药很有效哦，保证药到命除，不，是药到病除

> ……

刘伯温在服用了胡惟庸带去的药之后，开始觉得身体不适，没多久便去世了

年事已高的刘基，无奈又忧郁地在京城窝了三年之后，原本就不是很硬朗的身体终于支撑不下去而病倒。朱元璋闻讯，念着当年刘基与自己共患难的交情，立刻派中书左丞相胡惟庸前去探望他。胡惟庸去的时候还带了药，说是皇上的关心，要他安心服用。但刘基在服药之后，便觉得肚子不是很舒服，好像有重物压着一样，病情反而恶化了。之后，朱元璋同意放刘基回乡，并在他临走前差人给了他一封信。在信中，朱元璋不再像从前那样称他为"老先生"，而是一开头便直接说"你刘基"，还说当官的可以终老于家，已经是万幸之事，这些话看在刘基眼中，自然是伤心落寞。回到家之后一个多月，六十五岁的刘基便溘然长逝，只留下民间"三分天下诸葛亮，一统江山刘伯温；前节军事诸葛亮，后世军事刘伯温"的称颂之句。至于胡惟庸是否涉嫌毒害刘基的部分，目前仍在调查之中。

扩廓帖木儿殒命　元军将步向衰亡

根据从漠北传回的最新情报，一直被朱元璋当作最强劲对手的扩廓帖木儿，已于日前病逝。一般认为，在扩廓死后，元帝爱猷识理达腊手下已无能人，一度曾有再起之势的元军，将难逃一再衰败的命运。

年度热搜榜

【元·宣光六年 明·洪武九年】公元一三七六年

地方大改制 行中书省职权一分为三

大明自开国以来，许多的政府体制都是直接沿袭元朝，中央最高的权力中心为"中书省"，行政长官为"左右丞相"；在各地方，最高的权力中心则为"行中书省"，行政长官为"平章政事"。但由于行中书省总揽一省的民政、财政及军政大权，造成地方不受控制，甚至形成军阀割据的极大弊病，所以朱元璋便决意针对此点加以改革。在几经讨论之后，他将行中书省的职权一分为三：改为"承宣布政使司"，设"左右布政使"各一人，仅管理一省的民政和财政，并分领府州县，由中央六部统管；另设"提刑按察使司"，由"提刑按察使"掌一省之监察、司法及刑狱，向刑部负责；军事部分则另设"都指挥使司"为地方军事部门，置"都指挥使"一人，以主管一省的军政，听命于兵部和大都督府。三司之间分权牵制，并完全听中央政府之决策行事，可说是巩固了中央对地方的垂直控制能力。而在布政司之下，也将行政机关由元朝的路、府（州）、县三级制，简化成府（或直隶州）、县二级制，使得行政效率将更为提升。

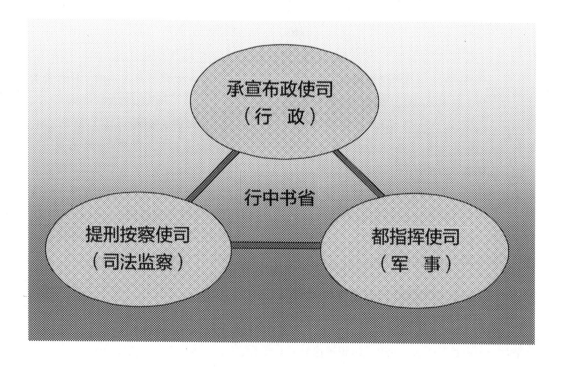

为免财务报表修改时要来回奔波，官员们都习惯在空白书册上先盖好大印以图方便

空印案起 数百官员遭到无情逮捕

依据规定，地方政府每年都必须派人至户部报告财政收支账目，而且所有的账目必须在户部审核完全相符后，才能算是结案。但由于钱粮在押解过程中难免都有损耗，官员们也无法预知到底沿路上会损耗多少，因此常常会出现结算数字与实际不符，遭到中央驳回的情况。而这种情况一旦发生，承办官员就必须带着所有资料回到地方上重新造册，然后盖上地方机关的大印，再千里迢迢地上京城重新送件。如此一来，往往因为路途遥远，在一来一回之间就耽误了相当多的时间及旅费。所以，自元代以来大家的习惯性做法，便是在前往户部审核之前，负责的地方官员就会先准备一些事先盖过印信的空白书册，需要修正时可以直接拿出来使用。或者根本就是带了已经盖好大印的空白文书，等到确定了数字之后再填上去。不过，这样的权宜办法，却在今年遭遇挫折。因为朱元璋在发现这个弊病之后大为震怒，认为这是官员相互勾结的欺君重罪，他下令逮捕所有相关官员。据最新传言，对于掌管印信的主官，可能一律处以死刑，而辅佐的官员则将会被处以杖打一百并流放远方之刑。目前已有数百名官员牵扯在内，他们都在遭到无情的逮捕后，陷入极度的恐慌之中。

茹太素舞文弄墨　提建言惨遭毒打

由于今年天象出现了一些异变，让心中不安的朱元璋认为是上天示警，便依照古制，下诏要让群臣对施政提出建言。结果刑部主事（中级官员）茹太素洋洋洒洒写了一篇长达一万七千多字的奏章。朱元璋让人帮他读，但是一直读到六千多字时都还没有进入重点，使听不耐烦的朱元璋一气之下，派人把茹太素给狠狠地打了一顿。当天深夜，临睡前的朱元璋，又在榻上命人接着把剩下的部分读完，结果到一万六千多字时才开始

切入主题，整份奏章所要表达的五件事，也只在短短的五百多个字之内就说清楚了。朱元璋在考虑过后，觉得其中的四件可行，于是在隔天早朝的时候宣布照此实行。事后朱元璋大概也认为自己因为茹太素的奏章太过烦琐啰唆，而将这位忠臣毒打一顿的做法确有不妥，所以便下令编纂一部《建言格式》来当作官员们写奏疏的参考。要求今后官员上奏，只准陈述事实，不许再卖弄文笔。

上疏建言的官员中，茹太素的下场还不是最糟的，因为据最新的报道，平遥训导（中级官员）叶伯巨因文字得祸而送了命。在他的建言书中，坦言当今施政三大过失为分封太多、用刑太繁，以及求治太速。同时还建议应当削藩，以避免汉朝的七国之乱重演。原本是朱元璋自己叫人家直言无忌，但在看到这奏疏后却暴跳如雷，来个大翻脸，怒吼着说："这小子分明是想离间我的骨肉之情，马上替我把人逮过来，我要亲手宰了他。"虽然当叶伯巨被逮至京城之后，朱元璋并没有亲自动手，只是把他交给刑部关在大牢中候审，但没多久就传出叶伯巨死于狱中的消息了。

谏阻无效　空印案数百主官全遭处死

在之前爆发的"空印案"中，有一位叫郑士利的知识分子，因为其兄长郑士元也被卷入此案，所以当他哥哥被打了一百大棍放出狱之后，他便语重心长地写了一封万言书进呈给皇帝，并对此案提出几点申辩，希望可以解救那些即将被砍头的无辜官员。他认为，首先，官方文书必须盖有完整的印信才具法律效力，而此案中的钱粮文书盖的只是骑缝章，并不能当成是要贪赃枉法的罪证。其次，先用印再补填数字，只是为了避免耽误时效的权宜之计，绝非故意想要欺君罔上。而且在此之前，政府并没有明令禁止官员依照往例使用空印，所以官员们根本不知道自己已经触犯了法律，如果就这样定罪的话恐怕于法无据。况且，掌印的主官是政府经过数十年才培育造就的人才，如今这般轻易杀掉，未免过于可惜。虽然郑士利说得头头是道，但朱元璋还是有自己的想法。身为一国之君，不可能坐视官员为求方便就罔顾法令规定，就算是牺牲掉数百名高级官员的性命，才能换来国家的长治久安，那也是值得的。所以到最后，郑士利兄弟一起被流放到外地去做苦工，而数百位掌印的主官，则是全数被砍头，无一幸免。

砍到我手都快废了。

刽子手

99

宦官插嘴政事遭驱逐

朱元璋对于宦官干政这件事，始终保持着一定的警觉心。除了之前早已下令宦官不得念书识字以外，连谈论政事也在严禁之列。日前，一名在内廷服侍已久的宦官，无意间竟从容地在他面前评论起政事来，于是朱元璋二话不说，直接将其逐出宫外，遣还乡里，而且永不叙用。事后朱元璋表示，这名宦官虽然随侍他多年，但如果放任此人在皇帝身边说三道四的，日后必会假威福而窃权势。一旦开了这样的恶例，时间久了，宦官干政的状况便会无法控制，所以这件事绝对不可姑息，免得以后祸患无穷。

皇太子开始实习

为了积极培训国家未来的接班人，朱元璋特别在今年六月下了一道命令，让群臣今后所有大小政事，都先交由皇太子朱标处置，然后太子再将自己经手的公文，一一向他奏闻。如此一来，可以让储君每天听取诸司启事，以便练习国政之治理及决断。其实，除了训练批示奏章之外，对于皇太子的养成，朱元璋这个老爸可说是下足了功夫。不但替朱标找来了最好的老师，让儿子受最完整的教育，还时常予以劝勉告诫，为的就是在他死后，大明王朝还能在朱氏的统治之下，长久存续下去。

丞相胡惟庸结党扩权 ——————

据闻，近来颇受皇帝宠信的胡惟庸在升任左丞相之后，开始变得独断专行，许多生杀黜陟等大事都未经奏准便径自下令执行。官员们上奏的文件他也一定会先过滤检查，凡是对自己不利的便一律隐匿不报。于是想要出人头地的投机分子，或是那些失职枉法的文武官员，无不奔走于其门下，争相以金钱、名马或珍玩来讨好他。原本在政府中就有一定实力的淮西官僚们，也因集结到他门下，而使得集团势力更为嚣张，已然成为政坛的一大隐忧。

邓愈病逝征途

从起事之初便随着朱元璋打天下的卫国公邓愈，今年奉命征讨吐蕃，在攻入川藏并覆灭其巢穴之后，还穷兵追至昆仑山，斩敌万计，掠得五千匹马及十三万头牛羊，随即班师回朝。不过就在凯旋的途上，他却因病于寿春一带去世。朱元璋惊闻噩耗，悲痛大哭，为此辍朝三日，并在邓愈灵柩回京时亲往祭奠，追封他为"宁河王"。

年度热搜榜 [元·宣光八年 明·洪武十一年] 公元一三七八年

多位皇子受封为王 ——————————

朱元璋继上次册封九位皇子为王之后，又于今年正月初一，进封朱椿（朱元璋十一子）为蜀王、朱柏（朱元璋十二子）为湘王、朱桂（朱元璋十三子）为豫王、朱楧（朱元璋十四子）为汉王、朱植（朱元璋十五子）为卫王，并改封吴王朱橚为周王。

你之前不是在朋友圈里宣誓说要支持动物保护，不再吃鱼翅了吗？

嘿嘿，今天是例外，例外。

之前一再严禁宦官接触军事或政务的朱元璋，如今却让宦官前往监军甚至是阅兵

皇帝自打嘴巴　竟派宦官监军

今年六月间，因为湖南、贵州交界处的"五开蛮"部落发生叛乱，杀害了靖州卫指挥使过兴，所以朱元璋在得到消息之后，便紧急任命辰州卫指挥使杨仲名为总兵官，率领部队前往平乱。但令各界不解的是，在这次的军事行动中，负责监军的竟然是宫内一名叫吴诚的宦官。到了十一月，当大军完成平乱任务凯旋时，被派去代表皇帝检阅部队的竟然又是另一个宦官吕玉。令人不禁想起当初，朱元璋自己一再申明不可以让宦官在宫廷洒扫服役之外，有其他机会接触军事或政务的说法。这些话还言犹在耳，但却又自打嘴巴，前后两次派遣宫内宦官到军中出任务。要是大明王朝以后出现宦官干预军事的乱象，始作俑者的朱元璋恐怕要负上一定程度的责任。

年度热搜榜

[元·天元元年 明·洪武十二年] 公元一三七九年

四川民变动荡 政府费力荡平

在今年四月初的时候，有一位名叫彭普贵的眉县百姓，因不堪赋役过重而与官府发生了争执，最后被逼得走投无路，只好煽动附近的民众，与他一同采取武装反抗的行动。由于地方政府已经多年没有遇到这种民众暴动的事了，所以仓皇之间不及应付，县衙门一下子就被攻陷，知县（地方行政长官）也被当场杀死。彭普贵等一伙人干脆一不做，二不休，挟着首胜的气势继续向外攻掠别的州县。等到中央政府得到消息时，已经有十四个州县沦陷。于是朝廷立即派遣四川都指挥使普亮带兵征剿，但竟然被这些没有受过训练的杂牌兵多次打败。最后朱元璋只好急调刚刚讨平松州动乱的平羌将军丁玉派军进讨，才在七月底平定了彭普贵等人的叛乱。

也是特权！
丞相之子车祸亡
马车驾驶被处死

日前在京师闹市区发生了一起交通事故，死者竟是当今中书左丞相胡惟庸的儿子。据了解，当时胡惟庸之子乘坐马车经过闹市，在命令车夫加速奔驰的同时，自己也因酒醉做了些危险动作而不慎坠车身亡。结果胡惟庸把丧子的悲痛全化成了愤怒，不由分说，将车夫处死了。朱元璋在得知此事之后，认为车夫虽有过失，但罪不至死，对胡惟庸这样霸道的行径感到十分惊讶，

于是就下令召他前来责问。据闻，胡惟庸一开始对此并无悔意，却又在皇帝面前不得不认错，轻描淡写地表示赔车夫家里一笔钱了事算了。朱元璋闻言大怒，还呵斥胡惟庸叫他以命偿命。虽然此案进行到现在，朱元璋还没有真的下令要处死胡惟庸，但以他多疑的个性看来，胡惟庸的好日子应该是已经结束了。

藩国朝贡未报　官员互踢皮球

胡惟庸才刚因为妄杀车夫的事被朱元璋盯上，却又接着出了一个大纰漏。日前，占城派使者前来朝贡，但任职中书左右丞相的胡惟庸及汪广洋，不知道是想私藏贡品，还是想过过受到吹捧的干瘾，竟然在私自接待完贡使之后，将此事隐匿不报。偏偏好死不死，又恰巧被出来办事的宦官撞见，他回宫之后便向皇帝揭发了此事。朱元璋对于这种僭越权位的事十分生气，便召两人前来质问。而胡惟庸及汪广洋立刻把所有的责任都推给了负责此项业务的礼部，之后礼部官员又将过失推给了中书省。这样互踢皮球的结果不但没能免责，还激怒了朱元璋，气得他下令把一大票涉案的高级官员都关押到大牢里面待审。此案目前正在等待调查结果出炉，到时被判定为主谋的人，脑袋可能就要不保了。

右丞相汪广洋被处死

贡使事件在结案之后，中书右丞相汪广洋果然被处死，但汪广洋的死却引发了一件案外案。事情的经过，就是在赐死汪广洋的同时，其妻妾也必须造册与夫一同殉死。结果意外发现，他的小妾之中，有一位是因罪被注销官籍的某官员的女儿。而依照规定，这些妇女只准许配给功臣，像汪广洋这样的文职官员是不符资格的。于是朱元璋便要求相关部门展开调查，追究左丞相胡惟庸及六部官员的刑责。

年度热搜榜

【元·天元二年　明·洪武十三年】公元一三八〇年

涉嫌发动武装叛变的丞相胡惟庸与其同党，已经被迅速逮捕并处死

丞相胡惟庸涉叛变　云奇阻圣驾破阴谋

　　不知是否嗅到了皇帝想要拿中书左丞相胡惟庸开刀的气息，在御史中丞涂节上疏告发胡惟庸将要谋反之后，又有许多官员跟着落井下石，纷纷提出密告。四天后，朱元璋便下令逮捕胡惟庸，并于当天将其处死。根据官方的说法，胡惟庸觉得自己就快要被定罪了，干脆放手一搏，骗朱元璋说他家里的旧井中涌出了有酒味的泉水，说这是大明的祥瑞，邀请皇帝移驾前往观赏。而就在朱元璋走到西华门时，一位叫云奇的太监突然拉住马车的缰绳，急得什么话也说不出来。发生这种事，禁军侍卫当

然是在第一时间便蜂拥而上，几乎把他给打个半死。但云奇仍然直指胡宅的方向，怎么样也不肯退下。这样一来便让朱元璋起了疑心，立刻掉头回到宫中，然后登上城墙远望，这才发现胡惟庸家的墙后早已埋伏了许多士兵，刀枪剑刃还在阳光下闪闪发亮。于是便下令逮捕胡惟庸，瓦解了他叛乱弑上的阴谋。不过，最先告发此案的涂节，最后也在调查过程中被卷入，被朱元璋认为是一开始就与胡惟庸同谋，后来看情势不对才想以此脱身。涂节和胡惟庸、御史大夫陈宁等人都被一同处死了。

千年丞相制度遭废除
皇帝统辖六部亲裁决

朱元璋在处死胡惟庸之后，为了避免过于扩张的相权再次对皇权造成威胁，便下令废除了丞相的职位，同时把六部的地位提高，规定六部直接向皇帝负责。但是这样一来，等于皇帝要总揽六部事务，大大小小的事情都得亲自裁决。所以便又设立了咨询性质的春、夏、秋、冬"四辅官"，来协助处理这些庞杂的政事，同时也负责讲论治道，观察各地所举荐者的才能，并封驳刑

救命……

皇上在哪儿？

好像被淹没在公文堆里了！

废除丞相并总揽六部事务，皇帝的工作量十分惊人

官的疑谳。而四辅官的位阶虽然有正三品，但为了避免再度出现大臣专权的局面，所以在规划中，将从民间征召有名望的学者来担任此职，而且只让他们协办一般的事务，重大政务还是不会让他们参与其中。

胡惟庸是制度改革牺牲者？
谋反案疑云重重大剖析

对于胡惟庸谋反案，有评论家认为其中疑点重重，官方说法可能掩盖了许多不为人知的隐情。首先，在胡惟庸被捕四天前，御史中丞涂节便已告发胡将造反，而以朱元璋善于猜疑的性格，于此敏感时期，怎么可能会答应到一个谋反者的家中去看什么祥瑞。其次，所谓云奇告变的情节也是漏洞百出，不但没人听过这一号人物，而且若胡惟庸在家里埋伏刀兵，又怎能那么容易从宫城上看得一清二楚？所以就事实层面看来，要将胡惟庸以谋反定罪，证据上是相对薄弱的。只不过从政治层面来说，胡惟庸却又不得不死。

原因就在于他过度膨胀的相权，以及欺上专擅的行为，已经严重地威胁到皇权，让朱元璋不得不去思考"丞相"这个历史上已经延续了千余年的制度，对于皇帝的统治权而言，到底是好还是不好？在几经考虑之后，朱元璋终于决定借着惩治胡惟庸，彻底地根除未来权臣凌主的可能，改由皇帝直接统辖六部，把所有的权力归到皇帝一人身上。所以，如果要说胡惟庸阴谋叛国，倒不如说他权力过大且行径嚣张，使得自己成为朱元璋想要改变制度，走向极度皇权专制过程中的牺牲者了。

军制革新 改设五军都督府

在废除了丞相制度之后，朱元璋似乎是有计划地要把一切权力都收回到自己手中，于是便在日前又宣布废去"大都督府"，改设中、左、右、前、后"五军都督府"，每一个都督府都以"左右都督"为长官，分别统领在京城的各卫所及在外地的各都指挥使司、卫所。五军都督府掌管军籍、军队，但平时不能统领或调动军队。而"兵部"虽然有任免升调、练兵及发布军令之权，却无法直接指挥军队作战。一旦要作战时，必须由皇帝做出决策，任命出征的军事统帅之后，再由兵部发出调兵命令，都督府则奉命出将领兵。如果是大型的战事，则会另外加挂诸称号将军之印信，以统领所有的作战部队。等到战事结束之后，统帅归还将印，军队则各自回到卫所。在这样的制度之下，军权便又牢牢地收回到皇帝的手中，也大大地降低了武将谋反叛乱的可能性。

离终点还有一千五百公里。

宋濂虽然逃过一死，但能否走得到遥远的流放之地，仍是未知之数

老学究卷入胡案
马皇后力保宋濂

胡惟庸的案子到目前仍在继续发酵，有许多的官员都陆续因为被牵扯其中而遭祸，连之前曾任太子教师、为大明朝制定许多礼制的老学究宋濂也差点为此送命。被学术界视为泰斗的宋濂本身当然是不可能牵涉到什么谋反，但是他的孙子宋慎却不知怎的被卷入此案当中。朱元璋在处死宋慎及他叔叔宋璲之后，原本想连爷爷宋濂都给砍了。后来因为皇太子朱标与马皇后力保，才得免一死，改判成流放到茂州去。但流放边地这种苦差事，对宋濂这个已经七十几岁的老头来说，只怕跟被判死刑也没有什么太大的差别了吧。

实施回避制度 任官不在原籍

中央政府为了避免官吏与地方势力勾结舞弊，已于日前宣布实施"回避制度"。在新的规定中，被派往地方任职的官员，将会避开他自己的原籍地。如此一来，可以避免图利自己的家族，或在断案的时候产生偏袒等弊端。一般认为，这项制度的实施，确实会有助于提升政府的效率，也减少地方恶霸或富豪与官员之间有太多的渊源及往来，让施政及司法更为公平。

—— 开国猛将化身恶霸 朱亮祖父子遭鞭死 ——

之前跟着朱元璋东征西讨，十分勇猛善战的永嘉侯朱亮祖，对于攻城略地很有一套，但现在天下太平了，却反而开始水土不服，仗着自己是开国功臣，就常常自以为有特权而无视法纪的存在。他自从去年（一三七九年）奉命镇守广东之后，便因骄横无理的行为，与执法相当严谨的番禺知县道同有过几次摩擦。偏偏道同就是一块又臭又硬的石头，只要是不合理不合法的事，就算朱亮祖再怎么用权势来威胁他，他

上垒！

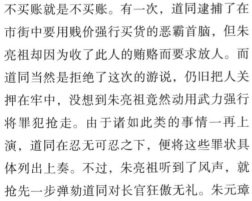

知道自己将被弹劾的朱亮祖，抢先一步告死了对方

不买账就是不买账。有一次，道同逮捕了在市街中要用贱价强行买货的恶霸首脑，但朱亮祖却因为收了此人的贿赂而要求放人。而道同当然是拒绝了这次的游说，仍旧把人关押在牢中，没想到朱亮祖竟然动用武力强行将罪犯抢走。由于诸如此类的事情一再上演，道同在忍无可忍之下，便将这些罪状具体列出上奏。不过，朱亮祖听到了风声，就抢先一步弹劾道同对长官狂傲无礼。朱元璋

在收到朱亮祖的上奏之后，派出了使者前去将道同处死，而道同的奏书这时才送到了皇帝的手中。朱元璋当下就明白了这是怎么一回事，于是又派另一位使者快马加鞭去阻止行刑。可惜当这纸救命诏书送抵广东时，道同却已在同一天稍早行刑完毕了。对此悔恨不已的朱元璋大发雷霆，下令将朱亮祖及他儿子召回，然后当场用鞭子把父子俩活活打死。

晋燕二王就藩 协助皇室御外

朱元璋在洪武十一年（一三七八年）让晋王朱棡就藩西安之后，今年又让燕王朱棣前往封地北平。在朱元璋的规划之中，将他的儿子们分封为王并派驻各地，其用意是让边防重地的藩王可以捍御外患，而在内地的藩王则分驻各地要冲，以协助统治。如此一来，才能保障大明的江山可以长久都由朱氏所统治，当朝皇帝则可以借着这些有血缘关系的兄弟、亲族，更加巩固大宝之位。

年度热搜榜

政府推行里甲制度

为了能够更加强基层的管理，大明政府已经开始推行"里甲制度"。每一百一十户为一里，以其中丁粮多者为"里长"。除了里长本身管理的十户之外，其余的一百户再分为十甲，每甲十户，设一"甲首"。里长必须负责里民之追缴钱粮、勾摄公事、祭祀、应接官府的征求等事务，以及协助排解民间的纠纷。另外又设"里正""甲正"，以掌管田粮及户口簿册。

元室仍占云南 两路明军进逼

朱元璋虽然取得了天下，但地处偏远的云南，却一直在元朝宗室梁王把匝剌瓦尔密的控制之下。大明政府曾经试图以和平招安的方式来解决，可惜前后几次的使者都有去无回。所以朱元璋便于今年九月初一，命傅友德为征南将军（军事指挥官），蓝玉为左副将军，沐英（朱元璋义子）为右副将军，统率三十万大军出征云南。傅友德照着临行前朱元璋亲自制定的进军方略，兵分两路，一路由湖广、一路由四川，逐渐地逼近云南。

确保赋税公平 再立黄册制度

本朝建立"户帖制度"，虽然在户籍管理上有了划时代的进步，但在施行多年之后，便发现还是有无法即时反映人丁及产业变化的问题。于是，经过相关单位的研究，又以户帖制度为基础，建立了"黄册制度"。这份由地方政府编写的赋役册籍，详细登载着每一户的籍贯、姓名、年龄、丁口、田宅、资产，以及该户是归在军民匠灶四籍中的何者。除了军籍之外，在民籍当中，又分为一般应役之民户，以及儒、医、阴阳等户；匠籍登载各类手工匠户，以便承应工匠差役；而灶籍登录的则是制盐户。其内容则

黄册岛的防卫十分严密

是每十年便必须更新一次，以反映其间所产生的变化，确保能够公平而顺利地征调差役。除了三套青色封面的副本"青册"存放于各级地方政府之外，另一套黄色封面的册籍必须上交户部。也由于此簿册以黄纸作为封面，所以便被称为"黄册"。中央收齐黄册之后，便以严密的保安措施存放于京城玄武湖的岛上。此岛防卫极为周密，只有每旬的一、六两天，可以允许规定的船只进出。其他时间若有擅自闯入者，则一律处以斩首之刑。

年度热搜榜
【元·天元四年　明·洪武十五年】公元一三八二年

云南成为第十三个布政司

由傅友德、蓝玉、沐英所率领的南征大军，在去年（一三八一年）底分别攻取曲靖和昆明，并乘胜攻下乌撒之后，一路势如破竹，于今年闰二月攻克大理，平定了云南全境。依据中央的规划，大军将于明年班师，只留下沐英在此地领兵镇守。而为了能够更有效率地管理此地，业已于日前批准设立了云南都指挥使司和云南承宣布政使司。据统计，目前全国除了京城与边疆少数民族之外，共计有浙江、江西、福建、北平、广西、四川、山东、广东、河南、陕西、湖广、山西、云南等十三个布政司，其下有一百五十九个府、二百三十四个州，以及一千一百七十一个县。全国行政区的划分及建置，已经趋于完整。

由于素人出身的四辅官表现不如预期，所以已经被裁撤

四辅官功能不彰 改换他人上场

由于之前设置春、夏、秋、冬"四辅官"时，为了避免群臣结党及大臣专权，所以特别找了民间的著名学者来担任这样的职务。但如此一来，反而因为四辅官都是学者出身，不熟悉政务的运作，最终并没有达到朱元璋预期的效果。于是在不久前又宣布罢去四辅官之职，改设官阶只有正五品的华盖殿、武英殿、文渊阁、东阁、文华殿"大学士"（侍从官），来帮皇帝阅读奏章、起草及处理文书，侍从左右，以备顾问。在规划中，朱元璋希望透过这些没有政治包袱的低阶官员，来制约朝中各部的高官。由于大学士的办事地点都是在宫内的殿阁，所以又被称为"内阁"。从其定位看来，内阁应该只是皇帝的文学侍从，并不会直接参与政务的决策。不过，内阁成员长伴皇帝左右，一般认为其重要性势必与日俱增。

礼部于日前宣布，将国子学改制为"国子监"，设"祭酒"（中级官员）一人为最高主管，其下有司业、监丞、典簿、博士、助教、学正、学录、典籍，以及掌馔。实际的上课由"博士"负责授课，"助教""学正""学录"辅导学生的经义文字，"典籍"管理书籍，"掌馔"负责饮膳。所有学科共分六堂授课，学习时间为三年，期满之后，考试及格者给出身，参加科举，或是由吏部直接任官，不及格者仍继续在国子监内学习。

皇帝直属特务机关 锦衣卫侦查逮捕 镇抚司酷刑审讯

朱元璋为了强化自己的掌控能力，已于日前将原本职掌仪仗和侍卫的"銮仪司"，改制为带有特务色彩的"锦衣卫"。这个机构，除了作为皇帝的侍卫之外，还被赋予了掌管刑狱和巡察缉捕的权力。锦衣卫的长官为正三品的指挥使，由皇帝最亲信的武将担任，并直属皇帝本人指挥。在指挥使之下，又分为专任皇帝护卫的禁卫军，以及专责巡察缉捕这两大部门，分别设有将军、力士、校尉等职位。比较特别的是，锦衣卫之下设有独立的刑讯机构"镇抚司"，以从事侦查、逮捕、审问等特务行动。理论上，镇抚司在处理刑狱案件时，应该要会同三法司，也就是刑部、大理寺进行审理。但实际上，由于镇抚司直接向皇帝负责，所以尽管这个单位才刚刚挂牌运作，它却已经不把三法司放在眼里，不仅常常直接单独进行侦讯，还会使用极为残酷的手段严刑逼供。

御史的品级虽然不高，但有着可以向皇帝弹劾大臣的大权

中央改设都察院　增设十三道御史

在朱元璋废相之后，由于六部的地位相对跟着提高，使得他又开始担心，部权过重会对皇权造成威胁。虽然之前已经不断加强了六科给事中的权力，但就算他们直接向皇帝负责，朱元璋却仍然觉得如此尚不足以制衡六部。于是便将原有的"御史台"裁撤，改设"都察院"（监察机构），以"左右都御史"为长官，负责纠劾中央和地方的官员及施政。并对监察机构进行大规模的改革，不但扩大了人员编制，以加强其职权，还在每一个承宣布政使司设一道监察御史，以纠察地方官吏，全国共计十三道，计有御史一百一十人。值得一提的是，监察御史只是个和知县同等级的七品小官，它的地位虽低，却因为可以直接向皇帝弹劾大臣，所以权力其实大得惊人。

马皇后因病驾鹤归　朱元璋痛失贤内助

今年八月，一向受臣民爱戴，连朱元璋也非常敬重的皇后马氏，因病重而卧床不起。群臣闻讯，纷纷请求能为马皇后祷祀，并延请良医入宫诊治。不过，马皇后却向朱元璋表示："死生都是命中注定，并非祷祀或求医就能改变。如果大夫开给我的药吃了没有效，还请皇上不要因此而迁怒，加罪于这些为我看病的大夫。"然后还交代朱元璋要求贤纳谏，慎终如始。不久，马皇后便与世长辞，享年五十一岁。恸哭不已的朱元璋望着爱妻的遗容，悲伤地表示在他有生之年，将会把皇后的位子保留着，不会再册立其他人了。

【专题报道】马皇后

马皇后在童年的时候，生父就去世了，她自幼是被父亲的挚友郭子兴当作养女抚育长大。当朱元璋投入郭子兴帐下之后，因为屡立战功且表现出色，所以郭子兴便将马氏许配给他。但后来又因为郭子兴心胸狭窄而善于猜忌，所以对朱元璋开始有所顾忌。在最惨的时期，马氏还为了弄点食物给已经饿到发昏的朱元璋，趁着在厨房帮忙的时候，偷偷把刚出炉的炊饼藏在胸前，忍着被烫伤的疼痛及自己的饥饿，带给朱元璋，就是要让朱元璋可以撑过这一段日子。后来，马氏还把自己所有的私人财物及首饰，都拿去贿赂郭子兴的妻妾，让她们帮说好话，朱元璋才得以脱离困境，成就日后的一番大事业。

呜……

在跟随着夫婿南征北战期间，马氏还亲手为将士们缝衣做鞋。在陈友谅军临城下，人心惶惶的时刻，她也把自己所有的金帛财物拿出来犒赏士兵，稳定了军心。而在他们婚后不久便收养的朱文正、李文忠，以及沐英等人，也都在马氏视如己出的细心照顾之下，成为独当一面的大将。

在入主中宫之后，马皇后仍然每天亲自操办朱元璋的三餐饮食，并亲自过问所有皇子皇孙的饭食穿戴等事项。如有宫女或妃嫔被幸得孕，她也会加倍体恤，特别予以关照。当妃子或宫女不小心惹怒皇上时，她也会设法从中维护调解。

对于自己，马皇后则一向秉持着勤俭持家的原则，平常所穿的都是洗了又洗的旧衣服，就算已经破损了也舍不得更换。甚至还在后宫架起了织布机，亲自织些绸布缎面，然后以皇室的名义赏给那些年纪很大的孤寡老人。就是因为这些事情，才使得朱元璋对马皇后一直十分敬重，在她去世时也才会如此悲伤。

至于马皇后是否真的有一双大脚，虽然一直以来便有这个传闻，但因记者未能亲眼得见，也无法直接向当今皇帝求证，所以无法得到进一步的确认。不过，可以肯定的是"露出马脚"这个成语在元朝时便已经有人用过，指的并非露出马皇后的大脚，也请读者不要再以讹传讹了。

年度热搜榜

【元·天元五年　明·洪武十六年】公元一三八三年

父子亲情实乃天性　酷刑皇帝法外开恩

当朝天子朱元璋的用刑之酷是天下皆知的，尤其是那些贪官污吏被他查到之后，一般都是严惩不贷，毫无逃脱说情的机会。不过，日前却也发生了一件令他法外施恩的案件，那就是有一名百姓犯了死罪，而父亲在情急之下多方奔走，试图通过向官府捐输钱财来替儿子赎罪。这样的做法被御史发觉，认为做父亲的这种行为也违法了，所以打算将父子俩一同治罪。朱元璋在看到奏章之后，认为死亡是人生的一大变故，而父子之间的亲情乃是天性，这位父亲只是尽其所能地想要保全自己儿子的性命而已。如果依据法律的话，这位父亲当然得一同治罪，但考量到他的行为实在是情有可原，所以便破例下令法外施恩，将这位父亲给释放了。

刑部爆重大丑闻　尚书侍郎皆论死

刑部日前爆出重大丑闻，包含尚书开济、侍郎王希哲、主事王叔征在内的高级官员，都因卷入此案而被处死。据了解，事情的起因是有一个狱官发现要处决的死刑犯被人调了包，原本应该死的那个人早就被开脱出去了，而被砍头的则是另一个替死的死囚。该狱官查出是刑部郎中（中级官员）仇衍搞的鬼，便立刻向上级举发。但他万万没有想到的是，整个刑部，早就在尚书开济收受了万两的巨额贿款之后，被上下打点好了。而开济等人担心东窗事发，竟然联手将这个狱官杀了。不过，这件事最后还是被御史陶垕仲给揭发出来，同时更查出开济不只犯下此案，他还向许多罪犯家属勒索过钱财。这起丑闻虽然使得政府，尤其是刑部的形象重挫，但却意外捧红了勇于打老虎的陶垕仲，使得他在国内的政坛声威大震。

刑部爆发高级官员集体收贿纵囚的丑闻

皇帝难为 工作压力惊人

朱元璋在借着胡惟庸事件废去了丞相一职后，便将所有的政务揽回了皇帝身上，使得每天必须亲自决断的事多到一般人难以想象的程度。据说，这位当今皇帝，不管是在用膳还是在休息的时候，都无时无刻不在思考着如何处理朝政。每当他突然想到一件事情的时候，就会立刻记在纸条上，然后把这张纸条贴在身上，等到

接下来就办这件事吧！

遵命……

嗯，便利贴还是御制的好用……

朱元璋常在身上贴满了写着重要待办事件的纸条

这件事办完了才将该纸条取下。所以一整天下来，他常常都是身上贴满了纸条，活像一只在宫中走动的鹌鹑。而且不只是他身上，连他寝宫的墙壁上，也都贴满了纸条。据统计，今年光是在九月下旬的八天之中，各部门送来给他批阅的奏章就有一千一百多份，其中所提到的事更高达三千多件。平均下来，朱元璋每一天，至少要处理四百多件事、阅读十多万字的奏章。这样的工作量，看来除了拥有超人般体力、反应能力极快，以及对政务充满高度热忱的朱元璋之外，应该没有人能够应付得来吧。

严禁官员下乡扰民　闽布政使丢官丧命

朱元璋日前以官员下乡扰民之罪，下令将福建右布政使陈泰处死，同时下令刑部、都察院通知中央及各地方部门，严禁官员再有类似行为。评论家表示，朱元璋在年轻时期，就亲身经历过元朝官吏下乡时给百姓带来的祸害，所以深知其苦，才会对这种行为如此深恶痛绝。相信经过这次的震撼教育之后，短时间之内应该不会再有官员敢下乡扰民索贿了。

官员大计　考核严谨

大明王朝自建立以来，便不断针对各项制度做出革新，其中官员的任免与考核，与前代相比，更是有着长足的进步。根据规定，中央政府对官员的考核可分为"考满"及"考察"两种形式。"考满"是指在官员自身的任期内，由上层的考核机关依其表现，在任满三年时进行初考。然后在任满六年时进行再考，九年时做通考，并分别做出"称职""平常""不称职"的评定。"考察"又称为"大计"，为六年一次的全国性考核，其中被列为不称职的官员，还会被分为贪、酷、浮躁、不及、老、病、罢（疲）、不谨八种过失类型，而受到降职或是罢官等处分，严重者还可能终身不再录

用。今年对全国四千一百多名官员进行大计，其中被评为称职的有四百多人，相当于百分之十左右，而被评为不称职的也有四百多人，其中被抓的贪官就有一百七十一人，办事能力太差的则有一百四十三人。由这些数据看来，考核可说是相当严谨。

第一武将徐达　背疽发作病逝

大明开国武将中的第一功臣魏国公徐达，日前因背上的疽疮发作而病逝。据闻，之前徐达在病重时，朱元璋曾多次亲往探视这位与自己从小结识，并一同出生入死打天下的挚友，还从各地找来了最好的医生为他治疗，但无奈最后还是敌不过病魔的纠缠，年仅五十四岁即离开人世。朱元璋惊闻噩耗，也顾不得皇帝的形象，衣服没换、头发也没整理，便光着脚，一路边撒纸钱边哭着赶往徐达家中奔丧。除了安慰徐夫人，并代为安排后事之外，还下令逮捕那些为徐达治病的医生，不过医生们早就全部逃之夭夭了。相关单位也表示，已接到皇帝的指示，要将徐达追封为"中山王"，谥"武宁"，同时追赠其祖上三代的王爵，并赐葬于京城东郊的钟山。神位也将配享太庙，并于功臣庙中塑像接受祭祀。

徐达死因之谜大解密！

据闻徐达是因为吃了烧鹅后毒疮发作才死的

徐达死后，民间一直有传言，说当初徐达病重，朱元璋虽然多次亲往探视，并指派名医为其诊治，但在他病情有所好转的时候，派人赐了一桌酒食给徐达。原本徐达还非常感动，等他看到桌上丰盛的菜肴时，眼泪忍不住流了下来。因为依据一般的医学常识，身患疽疮者是不能吃鹅肉的，而偏偏这桌御赐的酒食中有一道蒸鹅。徐达一见，便知道朱元璋的意思了，尽管明朝天下是他帮着打下来的，自己也一直出自内心地对朱元璋谦卑恭顺，但毕竟功高震主，久握兵权的大将在太平盛世对于皇帝来说总是一个威胁。所以，徐达只好流着泪，把朱元璋送来的菜肴全部吃完，然后吩咐帮他诊治的医生们赶紧出逃，免得成为替罪羔羊。果然在不久之后，吃了蒸鹅的徐达，便因背疽恶化而死了。虽然以上说法对整个过程描述得生动逼真，但也有学者质疑其真实性，明白地指出此说中最大的几点矛盾。第一，朱元璋做事一向爱憎分明，毫不掩饰，如果有心要除去徐达的话，根本也不须如此迂回。第二，朱元璋对徐达的评价是："令行禁止，不居功自傲，不贪图女色财宝，处理问题不偏不倚，没有过失。当世有此美德者只一徐达。"由此看来，徐达可是所有官员及功臣的表率，为了国家的长治久安，朱元璋也断

不可能杀了这个模范生。第三，徐达自始至终，从来就未曾有过任何狂妄骄纵的行为，对于君臣的分际更是谨守不渝。况且军政制度经过多次改革，没有皇帝的命令，军队已经不是大将可以随意调动得了的。第四，从徐达死后，朱元璋命其长子徐辉祖承袭了魏国公之位，对其他的儿子也都安排了很好的职位，若是有意要铲除徐达的话，岂不是应该赶尽杀绝才对。第五，食用蒸鹅会导致疮毒大发而死的说法，向来只是民间讹传，毫无医学根据。若朱元璋真要徐达死，手段多得很，为何选了这么一个不保证奏效的杀人法，这实在是不合逻辑。综合以上几点，不难看出这个传闻的荒诞无稽之处，应该又是推论，或是有人想要朝小说界发展的虚构作品吧。

重办科举取士　八股优劣决胜

　　虽然在洪武三年（一三七〇年）时，大明政府就曾经举办过科举来作为官吏选拔的途径，但由于当时规定不够周全，使得实行效果并不如预期理想，选出的人也多半无法胜任工作，所以不久之后朱元璋便下令暂时停止办理。一直到今年新的办法出炉，才又重新恢复科举制度。在新的科举办法中，考试的科目全部取材于《四书》《五经》，测验方式则是须以"八股"的结构，完整地在文章中由破题、承题、起讲、入手、起股、中股、后股、束股来表达看法。同时也明定每三年举行一次考试，分三级进行，"童生"先在州县应考，通过者可获得"生员"（秀才）的身份，并具备参加"乡试"（省级考试）的资格。乡试上榜者称为"举人"，可以参加由礼部举办的"会试"（全国性考试）。会试上榜者，就可以参加由皇帝亲自主持的"殿试"，并被钦点为"进士"。殿试成绩最高的三人名列一甲，分别为"状元""榜眼""探花"，都是"赐进士及第"。状元被授予从六品"修撰"（负责文字编修校注的官员）的官位，榜眼和探花则出任正七品的"编修"（负责典簿记载的官员）。二甲取若干人，都是"赐进士出身"，三甲则是"赐同进士出身"。在二三甲之中，还会另外选取有发展潜力的为"庶吉士"，在翰林院中实习磨炼。其他的则授予给事中、御史、主事，或是派驻地方做推官（地方官员）、知州（地方行政长官）、知县等。不过中央政府也表示，在中短期的规划中，长久以来一直存在的"举荐"将与"科举"并行不废，同时成为任用官员的重要渠道。

郭桓侵吞官粮　万人涉案丧命

由于郭桓侵吞官粮数目过大，朱元璋还特地把数字给美化了一下才公告此案

朱元璋不久前收到密报，指出户部侍郎郭桓伙同多名共犯，侵吞了各地应上缴的官粮，于是便下令相关单位对此案展开调查。御史余敏、丁廷举等人在搜集罪证之后，提出了正式的调查报告。依照报告书内容所载，郭桓利用职权之便，勾结了北平承宣布政使李彧、提刑按察使赵全德，以及其他多名高级官员，私吞太平、镇江等地的赋税，把应该上缴的税粮几乎都私扣了一半下来。不仅如此，这个犯罪集团还在对地方征收赋税时，到处巧立名目，向百姓强收各种"水脚钱""口食钱""库子钱""神佛钱"等奇奇怪怪的赋税，中饱私囊。前前后后几年加起来，该集团所侵吞的官粮总数竟然已经高达二千四百多万石。朱元璋看到报告时，简直气到七窍生烟，不但下令扩大追查，还要求承审官员严刑拷讯一干罪犯。最后，全国十二个布政司都牵连在内，礼部尚书赵瑁、刑部尚书王惠迪、兵部侍郎王志、工部侍郎麦至德等几百个高级官员涉案，全数遭到正法。但案子到此并没有结束，当调查单位开始追查赃粮流向时，又演变成全国性的骚动。追赃追到全国大部分的富户都为此破产，总共有数万人因为卷入此案而丢了性命。不过，中央政府最后在对外说明此案时，为了不让数字过于惊悚，还是将二千四百多万石的赃粮总数美化成只有七百万石。评论家表示，从本案当然可以看到朱元璋肃贪的决心，也将使得短期之内没有官员再敢贪赃枉法。但是因打击层面过大，致使在肃贪的过程中有许多人蒙受不白之冤，也让本案蒙上一层阴影。

皇帝钦定大诰　重刑治理天下

由于接连发生了许多官吏贪赃枉法、豪强害民避税等重大刑案，使得朱元璋决定将近几年来的这些案例整理出来，并亲自写定刑典，向全国发布《大诰》，强调以重刑治天下的决心。这次颁行的七十四条《大诰》，主要是摘录了洪武年间的重大刑事案件，并结合这些案例颁布了法律地位高于《大明律》的重刑法令，还有朱元璋对天下臣民的告诫训导之词。预计于明年春冬两季，将再陆续颁布《大诰续编》八十七条，以及《大诰三编》四十三条。为了将《大诰》推行于全天下，中央政府还规定，凡是家中有乖乖收藏《大诰》的，在犯了笞、杖、徒、流等刑之时都可以罪减一等。要是家中没有收藏《大诰》以便时时阅读的，则反过来罪加一等。至于那些拒不接受《大诰》的刁徒，则会被强迫搬迁到化外之地，永远不准回来。法律学者表示，《大诰》中的量刑标准，远远地超出了《大明律》，许多原本只会被判轻罪的寻常罪犯，到了皇帝亲审时，全都变成了族诛、凌迟、枭首等重刑。同时也恢复了刖足、斩趾、去膝、阉割等久废之刑，还另外创设了断手、剁指、挑筋等前所未有的酷刑。还有一身兼受数刑，或一事株连数百人的情况。而这种与法律相抵触的做法，凸显出在目前这种专制的时代之下，皇帝高高在上，完全不受法条约束，用刑残酷，而且漠视人民基本的生命财产权利的现象。

现在开始实施优惠方案，全部免费升级！

剥皮↑死刑　死刑↑徒　死刑↑杖　死刑↑罚金

法律地位在《大明律》之上的《大诰》，用刑非常严峻残酷

李善长之弟涉胡案　特赦免死未谢恩

日前有人告发李存义父子当年也曾参与胡惟庸谋反的计划，在相关单位调查之后，原本打算治以连坐死罪，但朱元璋想到在创业初期，李善长一直追随着他，于是便法外开恩，下诏免除李存义父子的死罪，改成将他们安置到崇明去。不过，据说朱元璋后来因为李善长并未上疏谢恩，而感到有些恼怒。不知道他日后会不会改变态度，再把已经免死的人给弄死。

年度热搜榜

【元·天元八年　明·洪武十九年】公元一三八六年

汤和自愿解甲　换得平安财富

才刚从蛮荒地带班师回京不久的信国公汤和，因为深知朱元璋年岁渐大，不想要这些老部属们长期掌有军权，对皇室未来的接班人产生威胁，所以他主动提出要解甲归隐的想法。朱元璋听到之后当然很高兴，不但立刻大加赏赐，还派人在故乡凤阳为汤和修建宅院，以鼓励其他的公侯也效法跟进，用主动放弃军权来换得下半辈子的平安与财富。

还是命比较重要……

乡民遭人诬谋反 知县详察救危亡

不久前，有人到京师检举，告发丽水的大户人家共有五十七人相约造反。于是朱元璋便命令锦衣卫千户（低级官员）周原带着人马前去逮捕这些想要阴谋作乱的人。丽水知县倪孟贤闻讯，赶紧召集了乡中长老打听，但从乡里口中都完全没有听说过有人要叛乱的事。倪孟贤只好换上平民的衣服亲往察看，结果发现这些被指控者的家中男耕女织，一切照常如旧，根本没有半点要谋反的迹象。他知道要是锦衣卫介入了此事的调查，恐怕无辜者也会因为酷刑而屈打成招，到时便真的成了谋逆大罪。于是他立即将此状况上报朝廷，又让县中的乡绅耆老四十人到京师去诉说乡民遭受到的诬陷。而朱元璋在查明真相之后，也已经命令相关单位对诬告者加以治罪，并另外赏赐酒食饭钱及往返路费给这些到京的请愿人士，还派人护送他们回乡。

倭寇屡犯近海　再令汤和领兵

日本倭寇近来一直侵犯近海，不但造成沿海民众生命及财产极大的损失，也大大影响了国家的安定。对此十分忧虑的朱元璋几经思索，还是觉得已经申请解甲退休的汤和是执行这项扫荡任务的最佳人选，于是便下令让汤和再执行最后一次任务。汤和在接到命令之后，为了弥补自己海上作战经验的不足，请求对海防战事十分熟悉的方鸣谦（方国珍之侄）一同率军出征。目前大军已经点齐，准备向浙江进发，一举歼灭倭寇。

年度热搜榜

【元·天元九年　明·洪武二十年】公元一三八七年

明大军进占东北　纳哈出投降受封

在完全平定了云南之后，朱元璋按照他先西南后东北的战略部署，命冯胜为征虏大将军，傅友德、蓝玉为左右副将，率军二十万，向东北开拔。而明军的目标就是还盘踞在金山（辽宁、吉林交界处附近）的元将纳哈出。虽然辽宁大部分的地区都已因镇守该地的元将先后归降而纳入大明版图，但纳哈出仍屯兵二十万于此，并骚扰辽阳、辽东等地。当冯胜大军抵达金山之后，先剿灭了周围的一些敌军，再以重兵围困元营。纳哈出见大势难以挽回，只好全军投降，然后他随军返回京师，受封为"海西侯"，投入了明军的阵营之中。

锦衣卫用刑过当 刑具被皇帝焚毁

从朱元璋设立了锦衣卫作为皇帝直属的特务机关以来，因用刑过于残酷，导致屈打成招的冤案层出不穷，而这种情况最后当然也传到了朱元璋耳中。在看过镇抚司（皇帝特务侦讯处）所使用的一些逼供道具之后，连他本人也觉得不可思议。也由于这并非当初设立锦衣卫的本意，所以朱元璋已经在日前下令，将锦衣卫里面各式稀奇古怪的刑具全部焚毁，并将其关押的犯人全部移交刑部，经由正常程序审讯。

121

沿海加强守御　严防倭寇侵扰

日本现在正陷入分裂时期，许多内战中的残兵败将，或是一些无家可归的浪人，都因为在国内无法讨生活而冒险入海，做起打劫海上商船或是掠夺临海村镇的勾当，这就形成了所谓的"倭寇"。而不久前受命南下处理倭寇问题的汤和，在抵达浙江之后，便依副手方鸣谦的建议，挑选了三万五千名壮丁，在各地及沿海修建五十九座卫所城，以便能够及时防御倭寇的入侵。但朱元璋觉得这样还是不够，又命江夏侯周德兴也在福建加强对倭寇的防务。于是周德兴在福建各地构筑了十六座海上城堡，并增建了四十五个巡检司（地方治安机构）。

远征军高层互咬　冯胜常茂皆下台

出征东北的明军虽然凯旋，但在部队高层却发生了人事大地震。先是随军出征的郑国公常茂（常遇春之子）因故被统帅冯胜枷解京师，之后冯胜自己也被收缴了大将军印并从阵前召回。据记者得到的资料，之前纳哈出投降时，在酒宴上，常茂因发现纳哈出似乎有逃跑的企图，连忙一个箭步上前抓人，并在扭打中砍伤了纳哈出的手臂，结果意外地导致纳哈出原本已经投降的部队溃散。于是冯胜便上奏说常茂激起兵变，因而将他解往京师。不过在这期间，一些对于冯胜

不利的传闻，也陆续从前线传回京里，说他将征战所掳获的良马隐匿在军中不往上报；又派守门人斟酒敬献纳哈出之妻，借机强要大批的珍珠及宝物；纳哈出的儿子刚去世两天，就企图强娶其女，使得降将失去对朝廷的归附之心。而且还在班师途中，因指挥不当，让负责殿后的部将濮英遇伏身死，连带折损了三千精锐骑兵。这时正好常茂也被押解至京，并在朱元璋面前攻讦冯胜。于是朱元璋便下令将冯胜召回，改以蓝玉统辖管理前线的军事，至于常茂，则打算把他安置到龙州去了。

鱼鳞图册施行　专管土地田赋

朱元璋自开国以来，便积极着手进行土地清丈，重新核定了全国的田赋税额，并于《黄册》中翔实登载各户的丁口和产业情况。今年，又在这个基础之上，编制了《鱼鳞图册》，以防堵隐匿不报或逃漏税的情形，更精准地掌握国家的财政收入。《鱼鳞图册》又可分为《鱼鳞分图》及《鱼鳞总图》。分图以田块为单元，按照"千字文"的顺序编号，在图册上绘有田块的形状，并在旁边加注坐落、面积、边界、地形、土质及所在乡村等的资料。同时也预设一个"分庄"的栏位，以便在土地买卖分割或是父子兄弟分家时填写。而总图则由各分图田块组成，并注有田块编号、面积大小，以及附近的水陆山川与交通情况。由于总图上各田块排列的样子，看起来像极了鱼鳞，所以便称为《鱼鳞图册》。各地方的《鱼鳞图册》经过汇总整理之后，再逐级向上呈报到户部，以作为管理全国土地和征收田赋之用。另外，值得一提的是，这次下乡绘制图册的任务，主要由"国子监"（教育机构）的监生来负责执行，为的是让这些学生有更多的实际经验，并同时将所学贡献在有利于国家的事务之上。

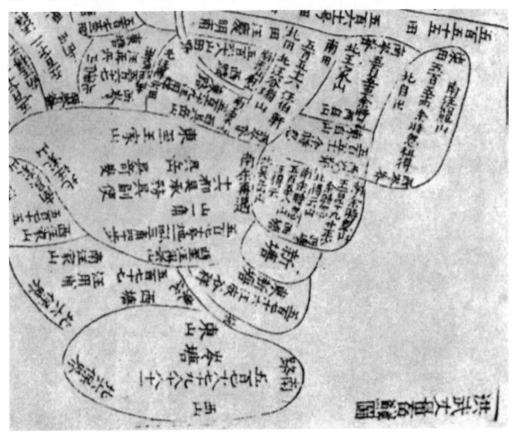

年度热搜榜

【元·天元十年 明·洪武二十一年】公元一三八八年

> 哈哈，这次的收获真是不小，还有漂亮的王妃，走吧！

蓝玉大获全胜，不但击溃敌军，缴获了宝玺、符敕，连元帝的妃嫔也全都抓了

蓝玉深入大漠　明军大获全胜

今年年初，蓝玉被任命为大将军，统率着十五万的兵马，再度深入大漠征讨脱古思帖木儿（元益宗，为元昭宗爱猷识理达腊在一三七八年驾崩后的继承者）。蓝玉在探知元主的确切位置是在捕鱼儿海之后，便下令部队穴地而居，并不得生任何烟火，然后利用漫天沙尘及夜色的掩护，悄悄地逼近敌营。最后在距离很近的地方，由前锋王弼率领骑兵发动闪电突击。而在元军方面，因为没有想过明军在缺乏水草的情况之下，竟然还能深入大漠，所以毫不加以防备。直到明军的旗帜伴随着震天的喊杀声忽然出现，才仓促应战。其结果当然是被打得溃不成军，高级官员不是被杀就是投降，只有脱古思帖木儿及太子天保奴在数十个亲卫骑兵的保护下狼狈逃走，次子地保奴及上百个元主的妃嫔、公主，全部沦为明军的俘虏。此役明军总共俘获了七万余人，并收缴了元廷的宝玺、符敕金牌、金银印信等物，外加马驼牛羊十五万余头。虽然脱古思帖木儿可能会逃往蒙古的旧都和林，并寻求东山再起的机会，但学者表示，元军经此一败，受到了严重的打击，未来势必一蹶不振了。

汤和告老回乡 殊荣无人可及

已经初步完成抵御倭寇任务的信国公汤和，于今年六月要出发返回故乡凤阳归隐之前，特别带着妻儿来向朱元璋辞行。由于两人自幼便是玩伴好友，所以不但在临行前有好多说不完的话，也约好了以后每年汤和都要回京和皇帝叙叙旧、聊聊天。朱元璋还特别赏赐他三百两黄金、两千两白银、宝钞三千锭，以及彩缎四十余匹，也赐给其夫人许多能符合并彰显身份的物品，同时又颁发玺书褒奖其功。分析师认为，由于汤和急流勇退，完全抓准了朱元璋想要向旧部将收回军权的胃口，所以他享有的殊荣，在所有功臣中可说是无人能比。

功比汉唐卫李 败在逼奸元妃 蓝玉梁国公变凉国公

北伐大捷的消息传至京城之后，大明上下可说是举国欢腾，而朱元璋也在龙心大悦之下，打算封蓝玉为"梁国公"。不过就在要宣布的时候，又听闻了蓝玉在军中竟然逼奸元主的妃子，并有许多骄纵蛮横的劣迹，所以便改变了主意。虽然他还是在诏谕中赞誉蓝玉可比汉之卫青、唐之李靖，但却将其封国由"梁"改为"凉"，不但身份地位降了一大级，种种过失还被镌刻在铁券之上。

现在要颁发胖虎体育第一名的奖状，不过老师也在上面写了些他的特殊表现，有欺负大雄、掀静香裙子、抢小夫玩具……

干吗把这些写在人家的奖状上！

蓝玉不但从梁国公被降为凉国公，连一些过失也被镌写在免死铁券上面

年度热搜榜

辽王内附 东北统一

去年（一三八八年）脱古思帖木儿被蓝玉击溃，在败逃和林之后不久，便遭到族人的袭杀篡位。这使得早已奄奄一息的元廷，从此分崩离析，许多官员、将领都纷纷向新兴的大明表示归诚之意，连元朝的辽王阿札失里也请求内附。至此，除了蒙古、新疆和西藏等地之外，南北各路的军阀均已被明军消灭。而阿札失里也被任命为泰宁卫指挥使。泰宁卫与其他两个刚设立的朵颜卫、福余卫，并称为"兀良哈三卫"，自此成为镇守大宁的宁王朱权（朱元璋十七子）在战略上之最佳屏障。

政府严禁武官扰民

近来屡屡传出许多地方的指挥使借着兴建军事设施，或是制造兵器的机会，任意调用民力，甚至擅立名目聚敛民财等违反禁例的事。于是朱元璋便于日前下诏，严禁武臣干预民事。在新的规定中，如果有兴修军事设施的需求时，不可以再直接从民间征调民夫或擅取财物。都必须由当地的军事单位一层一层经卫所、都指挥使司移文申请，然后由五军都督府向上奏准立案，才可以开始进行。而且使用的施工材料，也一定由政府依程序拨给，不可以直接从民间征用。就连民间诉讼有牵涉到军务的，武官也都不得介入，必须交由司法单位进行审查。一般认为，此项规定的颁布，将能更有效地阻止武官擅权扰民，减少军民之间的纠纷与对立。

听闻百姓受灾 皇帝迅速发赈

贫民出身的朱元璋，对于百姓生活潦倒困苦的境遇可说是特别有感触。日前，他听闻几个地方因故出现许多可怜的民众，立即把户部尚书杨靖找来，要他派人运了将近一百万锭宝钞下乡，发给九江、黄州、汉阳、武昌、荆州、岳州等地方的贫民每丁钞一锭，并发给沿江递运所（运递官方物资及军需的单位）水驿夫每人钞五锭。几天后，又下令赐给居住在京师的山东流民每人钞二十锭。随后，又发了二十几万锭钞赈济山东莱州、兖州二府的饥民；发了将近一百五十万锭钞给湖广的贫民。虽然这些钱只能在短期之内让可怜的民众日子好过一些，但却可以实际地感受到朱元璋对他们的关心之情。

— 燕王朱棣智勇双全 兵不血刃肃清大漠 —

　　元廷崩解之后，虽然东北的元军都已降服，但在大漠之中依然还有许多残存的蒙古势力。为了能够进一步扫清这些对大明潜在的威胁，燕王朱棣与大将傅友德奉命率军出古北口执行扫荡任务。朱棣在探知蒙古大将乃儿不花部队的踪迹之后，便先派乃儿不花熟识的一位部将前往以降低其戒心，然后下令全军冒着大雪，悄悄地逼近敌营。等到乃儿不花发现时，明军早已摆出了突击阵势将其困住。乃儿不花看到一切为时已晚，又听使者说燕王有意招降，就率领着所有部众向明军投降。而邻近的其他蒙古部队闻讯，也纷纷群起效仿，陆续归附。对于朱棣兵不血刃便肃清大漠，朱元璋非常高兴，不但一直称赞说这些全都是朱棣的功劳，还把那些投降的军队全数交由燕王调遣指挥，也使得朱棣的军事力量远远在其他兄弟之上。

127

胡惟庸案 继续发酵 李善长受牵连丧命

你因为涉入十年前的案子而被逮捕了

那不是早就结案了吗?

十年前早已结案的胡惟庸谋反案,又因为发现新的证据而重启调查,把李善长也给牵连进去

　　退休将近二十年的韩国公李善长,被卷入多年前喧腾一时的胡惟庸案,结果不但因此自己丢了命,连带整个家族七十余口也共赴黄泉。之前,李善长有个叫丁斌的亲戚因为其他的事情受到株连,要被发配到边疆去,于是李善长便多次进行游说,甚至请求赦免其罪,此举反而惹怒了朱元璋,直接把丁斌打入狱中治罪。就在审讯的过程中,丁斌又意外地供出了李存义(李善长之弟)与胡惟庸暗中交往,不但两人共谋反叛,而且还曾多次与李善长接头,希望他也一起入伙。而李善长虽然一开始表示震惊且予以拒绝,但当对方开出的筹码越来越丰厚时,他的态度似乎也动摇了起来。不但没有举发此事,还不置可否地说他自己已经年老,等他死了之后,要他们几个人好自为之等话。朱元璋看完供词,气得火冒三丈,表示李善长贵为皇亲国戚,知道有人阴谋反叛却不加以举发,而是徘徊观望、心怀两端,实在是大逆不道。刚好这时天象又有异变,而照专家的说法是祸事即将降临在大臣身上,如果违逆天意的话,国家就会有更大的灾难发生。于是朱元璋便下令赐死七十七岁的李善长,其妻女弟侄等全家七十余口也一并遭到牵连诛死。家族里面只有李祺(李善长之子)因与皇长女临安公主结了婚而逃过死劫,后来驸马、公主及孩子们被迁徙至江浦定居。因本案牵连而丢了命的功臣还不只李善长,在扩大追查之后,连吉安侯陆仲亨、延安侯唐胜宗、平凉侯费聚、南雄侯赵庸、荥阳侯郑遇春、宜春侯黄彬、河南侯陆聚等人也都牵扯在内,统统被处死。事后,朱元璋还亲自列出这些人谋逆的罪状,写成了《昭示奸党三录》以布告全天下。

又是卷入胡案　潭王自焚身亡

不久前再度掀起的胡惟庸旧案，不但因为连坐而弄死了一大票的开国功臣，连贵为潭王的朱梓也因此自焚而死。据了解，由于朱梓之妃于氏是前军都督府都督佥事（军事指挥官）于显之女，而于显的儿子于琥，目前则是受了胡惟庸案牵连，正遭到相关单位调查。朱梓最近早已对此感到十分不安，生怕祸事会牵扯到自己身上。而这样

的消息当然也传到了朱元璋的耳中，朱元璋为了安抚这个宝贝儿子的情绪，还特地派遣使者前来慰问，并召朱梓入宫。结果这样一来，反而使得朱梓更为害怕，以为老爸一定是要把他叫进宫去杀掉。所以惊恐万分的潭王，便与王妃于氏一同自焚身亡。由于其下并没有子嗣，所以他的封国也被取消了。

部将面前谁说了算？
蓝玉耍威风惹恼皇帝

为了镇压西部地区的叛乱事件，朱元璋特别在蓝玉出征前将他召入宫中面授机宜。当时蓝玉与几位部属一同面圣，准备听朱元璋的作战部署，朱元璋在对所有人讲完话之后，便要蓝玉留下而要其他人都先行退下。但令人惊讶的是皇帝说了三次，这些将领们竟然都好像没有听到一样，连动也没

蓝玉在部将面前大耍威风的事已经让朱元璋产生戒心

动一下，一直到蓝玉挥了挥手，他们才敢离开。根据当时在场的人表示，蓝玉还因为这些部属对他的高度忠诚及服从性，露出了满意的笑容，仿佛在告诉朱元璋说："你看，我这大将军很有本事吧，所有的部将都对我唯命是从，所以把任务交给我就对了！"但政治评论家表示，蓝玉这种看起来很威风的行为，其实是极度危险与愚蠢的。或许他带兵打仗很在行，可是对人心及政治的了解却只有中学生的程度。试想有哪一个皇帝，愿意看到所有的将领只听命于某个大将军，而不把皇帝说的话放在眼里。这不是摆明了如果要造反的话，随时都有可能吗？或许这种事，在从前曹操挟天子以令诸侯时可以凸显自己的权威，对自己的政治地位有加分的效果。但朱元璋是何等人物，怎么可能容许手下威胁到自己。看来，蓝玉就快要大祸临头了，而他本人到现在还毫无知觉。

年度热搜榜

【明·洪武二十四年】公元 一三九一年

强迫搬家 五千多户富豪迁居京师 ——————

为了让京师更为繁华稳定，朱元璋在今年七月告谕工部，表示他要仿效当初汉高祖刘邦徙天下富豪于关中的做法，要求相关单位开始着手规划，从资料库中找出国内人丁资产殷富的那些家族，勒令他们入居京师。据了解，工部在收到这样的指示之后，立刻从全国的户籍与田产资料中，整理出了五千三百户符合标准的富豪之家，准备把他们强迫迁到京师来居住。

怎么，搬来跟朕当邻居不开心吗？

没……没……这实在太赞了。

朱元璋为了让京师更繁华稳定，强迫数千户的富豪迁居

诸王行为不检　太子挺身说情

朱元璋虽然将国都定在应天，但为了方便走动管理，同时也立了开封（一三六八年改汴梁路为开封府）为"北京"，他的故乡凤阳为"中都"。之前，又因为有官员建议，应该将古都西安也列为都城之一，所以朱元璋便让太子朱标前往当地巡视，以研究是否进行此一计划。不过据了解，朱标此行其实还另有任务，就是秦王朱樉之前因为多有过失而被召回京师，现在老爸要做大哥的朱标顺便调查一下，看看朱樉在当地的言行及风评如何。同时，也让近来被人告发行为骄纵并多有不法的晋王朱棡随太子一同返京接受训诫。对待手足一向宽厚的朱标，则是极力维护两个弟弟，不断替他们求情。最后朱元璋也总算消了气，只是臭骂儿子一顿，就让秦晋二王返回封国去了。

王国用上疏批判李善长案细分析

日前，工部郎中王国用可说是做出一件胆大包天的事，居然上疏批判李善长被处死一案，真切地分析了李善长不可能参与胡惟庸谋反的种种理由。王国用认为，李善长以勋臣第一的身份，生封公、死封王，儿子也娶了公主，亲戚也都当了高官，称得上是达到了人臣的最高点。今天如果说他图谋不轨，想当皇帝，那还有可能。但如果说他有意要帮助胡惟庸的话，那就是太荒谬了。因为即使真的成功了，他最高的地位也不过和现在一样而已啊，根本没有必要冒着这么大的风险，去做这件可能会诛九族的事。如果说是当时天象有异变，需要杀大臣以避国祸，那就更万万不可了。因为如此一来，天下人都会惊讶像李善长这样立有大功的尚且得到这种下场，何况我呢？那么，势必造成人心离散。或许朱元璋也觉得确是如此，所以竟然没有因此发怒或降罪，真是让所有的人都替王国用捏了一把冷汗。

王国用毫无所惧地上疏批判朱元璋对李善长一案的处理方式不对

年度热搜榜

皇太子忽然病逝 朱允炆隔代接班

今年四月，从宫中传出一个噩耗：一直保有高人气的皇太子朱标，在去年（一三九一年）受命前往陕西考察的回程中，因过度疲劳且受到风寒而染病，之后虽经医生多次诊治，但却一直没有起色，最终回天乏术，在三十六岁这一年便结束了生命。在朱标被立为储君之后的这二十五年间，朱元璋可以说是费尽了心力在栽培他，不但选了才德兼备的学者当太子教师，还收集了古今图书，聘请名儒为他讲课。而本来就生性聪颖敦厚的朱标，也能认真学习、虚心受教，言行学识也都广受各界的肯定。虽然朱标温文儒雅的个性与朱元璋的霸气完全不同，常因不忍父亲对官员们过于严厉的责罚而提出劝谏，甚至还因为这样惹恼了父亲。但是朱元璋仍疼爱这个嫡长子，一心一意要在朱标接班之前，帮助他站稳脚跟，可以在日后好好治理天下。如今一切都成为泡影，让年事已高的朱元璋悲痛不已，有种数十年心血毁于一旦的感觉。不过，就算是这样，大明还是得继续运作下去，于是朱元璋便以朱标年仅十六岁的儿子朱允炆为皇太孙，作为法定的接班人选。

怎么会这样！

太子朱标之死对朱元璋造成很大的打击

惩治贪官下狠招 剥皮实草悬公堂

贪污六十两以上被逮到的官吏，在斩首之后都要被剥皮，并陈列于官府的长官座位旁以示警惕

朱元璋对于官员贪赃枉法的行为一向无法容忍，虽然依《大明律》规定，凡是贪赃一百二十贯以上的就要发配到北方的边远之地去充军，但是在实际执行时，往往只要贪个几十贯铜钱就会遭到流放，也有只贪污一百贯就被处以死刑的案例。而且，除了法律明定的"笞、杖、徒、流、死"五种刑罚之外，对于那些犯行较为恶劣的贪官污吏，朱元璋还会使出挑手脚筋、挖掉膝盖骨、剁手、剁脚、阉割等更为残酷的刑罚。在这些酷刑之中，最令人毛骨悚然的还是"剥皮实草"这一项。朱元璋亲自规定，凡是贪污达到六十两白银以上的官员，就要被枭首然后剥皮示众。进行公开剥皮的场所，就是各州县或是军事基地的土地庙，所以这些庙宇现在也被称为"皮场庙"。而被剥下来的人皮，则在填满干草之后，高高悬挂在官府公堂的长官座位旁，以作为警惕之用。后续接任的官员，便在这种恐怖的"装饰艺术"之下，每天战战兢兢地办公。

朱棣利用入朝面圣的机会，暗指蓝玉骄纵难驭，可能会是将来的一大祸患

朱棣被控骄纵不法　蓝玉桀骜身处险境

根据政府不愿透露身份的高层表示，不久前燕王朱棣在入朝面圣时，曾表示有些公侯将官长久以来都多行不法之事，越来越骄纵而难以驾驭，如不及早处理的话，将来恐怕尾大不掉。而他所指的，就是近年来立功甚多，甚至还在不久前被任命为"太孙太傅"（皇太孙教授，为荣誉虚衔）的蓝玉。在记者深入调查下发现，朱棣会在这时针对蓝玉做这样的攻讦，其实是有迹可循的。因为当皇太子朱标还健在时，有一次蓝玉自蒙古班师回朝，便私下去向朱标打小报告，说他发现燕王朱棣在封国的举止行动，简直把自己当成皇帝一样，而且还听命理家说燕国这边有天子之气。所以他才特别向太子提出警告，要他对燕王提防着点。虽然待人一向宽厚的朱标并没有采信此事，但这些话后来却不知怎的传到了朱棣耳中，于是朱棣在心中恨蓝玉入骨，才会利用时机整他一下。评论家表示，个性一向善于猜忌的朱元璋听到这种事，当然不可能像朱标一样置之不理，最可能的状况，就是会安排些借口，然后准备再兴大狱，把这些手握军权的将领们一一除去。而原本一直与太子朱标关系很好的蓝玉等将领，依旧是桀骜不驯，完全没有察觉到朱标的死亡已经使得政局丕变，自己也身处险境了。

晋王改过自新　重新赢得信任

之前曾被控在封国中索行不良的晋王朱棡，在被朱元璋召到京师狠狠地训诫一番之后，返回封地的他竟像完全变了一个人似的。在记者实地走访下发现，以前那个骄纵蛮横、无视法纪的晋王，现在不但修身自省，对待下属彬彬有礼，行事还变得以谦恭谨慎而闻名。而朱棡这样的表现，又重新赢得了父皇的信任，并多次被委以统军出塞征伐，以及筑城屯田等重大任务。新生的晋王朱棡，可说是除了燕王朱棣之外，另一个极度受到重用，并握有重兵的皇子。

蓝玉被控谋反处死　一万多人卷入丧命

锦衣卫查出了当朝第一武将蓝玉密谋造反，已经将他火速逮捕，在审讯之后立即处死，同时还诛灭三族。起诉书中指出，蓝玉近年来多次统领大军并立下许多功绩，深得皇帝的器重及优礼。但他却不知感恩，反而日渐骄横，放纵手下蓄养的一堆庄奴、义子为非作歹。还曾强占民田，遭到御史查问，结果在大怒之下直接把御史赶走。也曾在领兵夜抵喜峰口时，因超过规定时间守关官吏不肯开门，便强行纵兵毁关，破门而入。这次又被人举发有谋反的意图，说他想要趁着皇帝在籍田上亲耕的时候动手谋刺夺国，还在家中搜出近万把日本刀，因此被判处极刑。而在政府习惯性地扩大追查之后，共有一万五千人因为卷入此案，陆续遭到处死，其中还包括数十位公侯贵族。在这些死亡的官员中，吏部尚书詹徽可说是最冤的。他之所以被卷入，是因为在他陪同皇太孙朱允炆参加会审时，曾经对蓝玉大声呵斥："快说实话，不要株连别人。"长期征战沙场的大将军蓝玉哪肯受此侮辱，于是便大声喊道："詹徽就是我的同党！"结果真的把詹徽给硬生生地拖到地府去做伴了。

等等，现在是怎么回事？而且我不是有免死铁券吗？

就算是钻石券也没有用啦……

135

朱元璋杀蓝玉的真正动机 大剖析

评论家认为，朱元璋之所以要除掉蓝玉，并不是真的发现了什么谋反的事实，而是想要为将来的皇帝铺路，先把路上的威胁一一扫除。此案不仅谋反的事证非常薄弱，连蓝玉的犯案动机及反应也都很有争议之处。因为如果蓝玉真有心要造反的话，怎么可能会毫无准备？要知道他可是手上握有军队的大将军，只要下令将反戈一击，或许胜负也未必可分，怎么会在死到临头时还乖乖地束手就擒？虽然他的态度随着功劳累积而越来越狂妄自大，但他仍旧很在意自己在朝中的地位，像之前他便为了没有被封为"太孙太傅"而斤斤计较。就这样一个领兵打仗的武将而言，不擅长掩饰自己的脾气，骄纵横行是有，但也不能因此就说他暗藏更大的野心。不过，对于年事已高的朱元璋来说，把这样一个如狼似虎的悍将留给他那才十几岁的小皇孙，万一将来真的搞个军事政变，那么他辛辛苦苦打下来的江山岂不是拱手让人。所以蓝玉反也得杀，不反也得杀，这样或许算是对孙子另一种形式的爱吧。也难怪有人说，要是太子朱标没这么早死的话，或许蓝玉案就不会发生，也不会牵连这一两万条的人命了。

公文费时人命关天　皇帝下诏先赈后奏

今年夏季，孝感一带发生饥荒，当地的官员依照程序上奏，请求将预备仓中的一万一千石粮食先拨借给灾民食用。朱元璋在知道这个消息之后，便立刻派人日夜兼程奔赴灾区，火速发放粮食。同时下谕户部，要求今后只要有饥荒发生时，都应该直接先将粮食借给灾民，然后再奏报朝廷。否则经过公文的十天半月往返，一定会有很多人在这期间饿死。一般认为，这个小小的革新将救回无数灾民的性命，灾民可以不用再因僵化的行政流程而成为饿殍，救灾赈济的效率也将因此而提升。

年度热搜榜

杀儿献祭治母病 灭绝人伦非孝行

为非作歹被判处极刑的案例时有所闻，但是因为孝顺而受到严惩的事件可就不常听闻了。不久前在日照有位叫江伯儿的百姓，因为母亲患了重病，所以到泰山的岱岳祠发愿。只不过他发的誓愿真的很奇怪，居然是说只要神灵可以保佑他母亲痊愈，便愿意杀掉自己的儿子来献祭。回去之后，他母亲的病竟然就这样好了，而他也真的把他三岁的儿子杀了，祭祀岱岳。官府得知此事，上奏朝廷。朱元璋大怒，斥责江伯儿简直是灭绝人伦，便下令将他逮捕，打了一百杖，然后发配海南。同时命礼部制定旌表孝行的有关条例，告诉民众，政府虽然十分重视孝行的表扬及举荐，但对于一些徒务虚名或是过于残忍的孝行，则不在表彰之列。凡是像《二十四孝》故事中"割股疗亲""卧冰求鲤"等伤害自己健康或生命的行为，不但不被承认为孝行，还要严格加以禁止，以免百姓傻傻地仿效。

再戮功臣！ 傅友德含泪亲割二子首级

据野史记载，在大将蓝玉被以谋反罪处死之后，昔日的功臣旧将无不胆战心惊，生怕下一个轮到的就是自己。今年冬宴时，颍国公傅友德便因宴席中有一道菜没吃而受到指责。朱元璋骂完了傅友德，说他不敬，又开始数落起他两个儿子的种种不是，还叫他去把两人给带过来。不知道是不是酒喝多了，在傅友德离席之后，朱元璋又嚷着要卫士传话，叫他干脆提着两个儿子的首级回来好了。不久，傅友德竟然就真的提了两颗人头回来，朱元璋吓了一跳，惊讶地问："你怎么如此残忍啊？"接着傅友德从袖子里拿出匕首，不屑地说道："不过就是要我们父子的头罢了！"于是便当场自刎身亡。结果这样的死法，又惹怒了当朝圣主，索性下令把傅友德其他没死的家属，全部流放到边疆之地去了。而定远侯王弼，不久之后也是莫名其妙地就被赐自尽，连爵位都被免除了。

驿站系统建置完成

全国的驿站网络终于在日前建置完成，在十三个布政司中，共设有三百六十一处马驿、二百二十四处水驿，以及四百九十三处水马驿，总数已达到一千零七十八处的规模，形成东至辽东都司、西至四川松潘、西南通云南金齿、南抵广东崖州、东南至福建漳州、北达北平大宁卫、西北延伸至陕西与甘肃的通信网，大大提升了联络的效率，并加强了中央对地方的控制。

年度热搜榜

功臣穷途　冯胜谋反理由牵强
无奈自尽　先行毒死所有女眷

近年来开国功臣接连因为小事受戮，几乎已经到了快被杀光的地步，而这张鬼牌，终于被宋国公冯胜给抽中了。在红巾军起兵初期投身朱元璋阵营的冯胜，数十年下来可说是屡立军功，一直受到重用。直到洪武二十年（一三八七年）出征东北时，因与常茂之间互相攻讦，才被收缴印信，从第一线领兵的大将军位子上退了下来。在沉寂数年之后，又被赋予了训练新兵及屯田的任务。但是就在一切看似好转的同时，厄运却又突然降临在他身上。不久前，有人告发冯胜私埋兵器，有谋反的意图，于是朱元璋便下令展开调查。虽然侦查的结果，发现他只是在打谷场的底下埋了许多瓦瓮，但朱元璋仍下令将其赐死。冯胜在自尽之前，想到将来家中的女眷有可能会受到凌辱，索性在与家人们共进最后的晚餐时，下毒把女眷全部毒死，然后自己才含泪了结生命。

秦王平乱表现亮眼　忽染重病猝然离世

今年年初，洮州地区发生叛乱，由于这时功臣旧将已经都杀得差不多了，没什么大将可用，所以朱元璋命秦王朱樉调集邻近诸卫的部队前往讨伐。虽然之前朱樉曾因行为不检而被召回训斥，但他这次的表现却没有让父亲失望。当大军抵达时，叛军惧战投降，朱樉很快便平定了这场叛乱。朱元璋因此对朱樉极为肯定，也给了他非常丰厚的赏赐，可惜这样愉快的心情并没有持续太久。因为到了三月时，朱樉便突然因病去世，只留给年事已高的朱元璋无限的悲痛。而随着朱樉一同离开尘世的，还有自愿为他殉葬的王妃，也就是扩廓帖木儿的妹妹。不过记者还是得提醒大家，要尊重生命，殉情或轻生都是不值得鼓励的。

皇帝恩宠有加　汤和病逝家中

汤和是开国功臣中极少数备受恩宠而且得以善终的

已归隐多年的开国名将信国公汤和，日前以七十岁高龄于家中病逝。在汤和回到故乡凤阳之后，每年仍是到京朝圣一次，就算是病重到走不动了，朱元璋还是会派车把他送入内殿，然后两个老友握着手，谈些家常往事，以及当初起兵时的回忆。而一生行事谨慎的汤和，则是越到晚年越是恭敬小心，所有在宫中听到的事情，回去之后都绝口不提，因此也让朱元璋对他更加放心。后来他因中风而不能说话，朱元璋还为此而伤心流泪，并厚赠金帛以作为其将来安葬的费用。或许是朱元璋回想起当年还在庙里当乞丐和尚时，就是因为汤和的一封书信将自己拉入了红巾军，也或许是确信汤和绝对没有半点威胁性，所以对他始终是恩宠有加，也让他成为明朝诸位开国功臣中，极少数没有被列为奸党惨遭清算而得以善终的。

全国大兴水利

今年全国大兴水利，在中央的通令之下，各地方于冬季开挖了四万多处水塘及拦河坝，疏通了四千多处河道，另外还修补了五千多处水渠堤岸。农田水利专家评估，此番大肆整顿，将使得良田的比例更为提高，预计农产量将大幅增加，而人民的生活也将更为富庶。

燕王朱棣再击漠北

在收到宁王朱权的奏报，说在边境发现有蒙古部队的踪迹之后，朱元璋便命燕王朱棣率领精锐部队前往大宁、全宁，沿着河岸监视敌人的动静。后来，朱棣果然遭遇到蒙古部队，经过一阵交锋，明军取得胜利，并俘虏了包含敌军首领在内的数十人。蒙古残兵向北败逃，朱棣又一路追击到乌梁海城一带，再度击败敌军，才率师返回。

与皇帝论是非　王朴无罪被杀

朱元璋又臭又硬的坏脾气是大家都知道的，但没想到的是竟然有官员敢跟他这样直来直往，为了是非而数度与皇帝发生争辩。这个人就是王朴，出身陕西，洪武十八年（一三八五年）进士，他一开始任吏科给事中，不久便因为他的性格过于耿直而被免职了。之后，再度被任命为御史，而他还是坚持着硬汉风格，决不在官场上和稀泥，也从不揣摩上意，该说什么就说什么，所以有好几次与朱元璋为了谁是谁非展开舌战。直到最后一次，朱元璋实在是被气到七窍生烟，于是便下令把他给拖出去砍了。不过，朱元璋生气归生气，倒也不是真的要杀了王朴，所以到了刑场之后，便又下令把他召回。然后当面问他说："你要认错改过了吗？"没想到王朴还是不肯屈服，对答说："承蒙陛下厚爱，授予我御史之职，岂可如此摧残侮辱！如果我没罪，为何要杀我？如果我

有罪，又何必让我活命？我今天只想快一点死。"结果这下子朱元璋真的被激怒了，便下令立即行刑。据目击者指称，当卫士把王朴拖往刑场，途中行经史馆时，他还大声喊着："刘三吾你一定要记下来，洪武二十九年的这一天，皇帝杀无罪的御史王朴！"而这一次，朱元璋却没有再把他从鬼门关前召回了。

140

【专题报道】朱元璋与文字狱

近年来一直流传着许多朱元璋大兴文字狱的传闻，比如说杭州教授徐一夔在贺表中有"光天之下，天生圣人，为世作则"的句子，就被朱元璋认为说"光"是指光头、"生"则是"僧"的谐音，都在讽刺他当过和尚，而"则"的发音与"贼"很像，这简直已经是大逆不道了，所以便下令将徐一夔处斩。还有传闻说高僧来复曾经写了首诗，其中有"金盘苏合来殊域……自惭无德颂陶唐"的字句，"殊"就是"歹朱"，意指皇帝"无德"，因而来复也被处斩。其他还有许许多多的流言，大多是说朱元璋在早期不甚注意诸司奏章，亦不晓儒臣所进表笺有讥讪之意，直到洪武中期之后，才慢慢发现这点，于是开始兴起一件件的文字狱。

不过，这些传闻已证明大多为子虚乌有。光是之前所举的两个例子，在记者追访下发现，传闻中被处死的徐一夔，现在根本还活得好好的，而高僧来复虽然被斩了，但却是因为受到胡惟庸谋反案的牵连，也跟文字狱没有关系。而且，分析了这些传闻，光是因为"生"音似"僧"，"则"音似"贼"的案例就占了一大半。难道是这些受害者都约好了使用这几个字吗？那文坛的素质未免也太低了。况且，已经有人因为写了这两个字而被处以极刑，请问如果是你的话，会傻到再写同样的字来讽刺皇帝吗？就算要暗中批判，至少也会换个字吧，怎么可能看见前面的人掉到洞里，后面的人还故意摔进去呢？

我根本没做过那些事，你们这样也算是霸凌吧

许多关于朱元璋文字狱的传闻已被证实是假的

逻辑上最说不通的是，传闻中这些文字狱，都是因为有人影射朱元璋的出身而被砍头的。但朱元璋本人从来就没有隐讳过自己曾当过像乞丐般的和尚，以及他家祖上好几代都是穷苦农民。甚至还很坦然地把他的贫贱出身公布于天下，当作励志的最佳教材。所以说他因为别人的影射就大兴文字狱，这种论点是十分荒谬的，不合乎逻辑。可见这些传闻，都是一些人故意捏造，然后又有人加以仿照吹嘘，最后以讹传讹的结果。朱元璋虽然生性猜疑，兴起了数件大案，也几乎杀尽了功臣旧将，造成数万条人命枉死。但在文字狱这件事情上，我们还是必须还原真相，将这条罪名从他身上除去。

大明律诰公布 司法审判标准

中央政府以之前就编好的《大明律》为主体，再采择《大诰》的要略条目附载于其后，于是编成并公布了《大明律诰》，使天下周知。同时也宣布废除其他的榜文禁令，以后除了谋逆罪之外，其余皆依《大明律诰》作为司法审判的标准。据了解，皇太孙朱允炆也在朱元璋的指示下，参考《礼记》，对《大明律诰》中过于严苛的七十三条做出了修改。对这样的修改，朱元璋则表示他治乱世要用重典，但朱允炆要治理的是太平之世，使用较轻的刑罚也是适当的，所以便同意了这项刑度的修改。朱允炆也因此得到法界专家及民间学者很高的评价。

富户量才录用

朱元璋认为富民久居乡里，对于邻近乡里百姓的所有人和事物都十分清楚，于是便要求相关单位编制富民册籍，打算从中选出一些人为政府所用。日前，户部完成了册籍的编造并向上呈报，除了云南、两广、四川之外，从其余的九个布政司及十八个府当中，拣选了田地超过七顷的富户共一万四千二百四十一户，以作为朱元璋日后在一一召至京师面谈时，量才录用的参考。

驸马走私牟利 皇帝照样开铡

依洪武皇帝的脾气，一般臣民犯了重罪大都难逃一死，但如果是皇族近亲违法犯纪的话，是否又会有另一套的标准呢？相信在这个重刑治世的年代，这是很多人心中共同的问题，而这个疑问在今天也有了答案。不久前，驸马欧阳伦因为遭人举发他走私茶叶以牟取暴利，以及纵容家奴横行乡里等事，被皇帝下令赐死。而欧阳伦的夫人，就是马皇后所生的皇四女，即朱元璋一向最为宠爱的安庆公主。在案发之后，虽然包括公主在内的许多人都前来求情，但朱元璋还是大义灭亲，以维护国家的法纪。

年度热搜榜

从赤贫农户的放牛小孩、四处乞讨的和尚、士兵、军官，一直到当了大明皇帝的朱元璋于日前驾崩

朱元璋高龄驾崩　皇太孙称号建文

今年闰五月，已经七十一岁高龄的朱元璋因病于西宫驾崩，并带着多位妃子同时殉葬。这位从无到有，从和尚、士兵，一路拼到成为全天下共主的大明开国皇帝，不但在生前事必躬亲，以过人的精力每天亲自处理繁杂的国政，还为他的接班人把路都先铺好了。一开始先是废除了丞相制度，把政权收归皇帝，接着又杀光了那些握有军权的功臣旧将，为继承者清除了执政之路上的所有棘刺。在他自知来日无多的时候，又下令将诸王世子（王位的法定继承人）以及受封为郡王的次子，一并召到京师，以遗诏令他们在京师守丧三年才能返回封地。而他这样做的目的，就是要把这些人当作人质，以压制诸王，让皇太孙可以安全接班。在这样的安排之下，朱允炆（明惠宗，建文帝）果然顺利地坐上了皇帝大位，并宣布以明年为"建文"元年。从朱允炆的年号不难看出，他不想仿效祖父"洪武"的严刑峻法治国，而决心采取宽政治世。不过，在他要实现理想之前，可能还有一些问题得要解决。因为就记者所知，朱元璋驾崩的消息一发布，燕王朱棣就请求到京师为父亲奔丧，但被朱允炆以太祖遗诏为由给制止了。听说这项禁止到京奔丧的命令已经引起了诸王的不满，甚至还彼此煽动，目前的情势可说是表面风平浪静，而实际上则是暗潮汹涌。

143

方孝孺、齐泰、黄子澄三人组成了建文帝的核心决策幕僚

方孝孺　齐泰　黄子澄

黄子澄齐泰建议　建文帝决心削藩

朱允炆在登上皇帝大位之后，最先做的一件事便是把自己的心腹人马全都安置在重要的位子上，而这些核心幕僚中，又以新任的兵部尚书齐泰，以及太常寺卿（中级官员）兼翰林学士侍从官黄子澄两人最被看重。朱允炆除了开始推行一系列以宽仁为前提的新政之外，更秘密地在从事削藩的规划。其实打从朱允炆还是皇太孙的时候，就为了他的诸位叔叔手握重兵而忧心不已，生怕他们会联合起来威胁到他的皇位。据闻，他还曾经询问黄子澄对于此事的看法，而黄子澄则告诉他说诸王的兵马仅足自卫，不必担心，如果日后真有乱事发生的话，到时再调动全国大军前往讨伐即可，一定很快便能平定。朱

允炆也因此吃了定心丸，决定在登基之后便开始展开削藩的行动。原本齐泰想要先解决威胁最大的燕王朱棣，但黄子澄对此却持有不同的看法。他认为一下子就针对燕王，不但师出无名，而且不好对付。应该先针对那些原本就素有劣行的诸王，这样就可以找到合理的借口动手。等到诸王一一铲除，燕王势单力孤时，一切就好办了。而最先要对付的目标，就是燕王的同母胞弟周王朱橚，只要削了周王就等于是剪除了燕王的手足。于是朱允炆同意了黄子澄的看法，下令曹国公李景隆（朱文璋外甥李文忠之子）以巡视边防之名，驰驿赶到开封，迅速逮捕周王并将其押解至京。

方孝孺由学转政　成皇帝贴身顾问

在学术界极具盛名的方孝孺，不久前被朱允炆从汉中府教授直接调升为翰林院（职掌修史编书、文辞翰墨、皇室侍讲的核心官员储备所）侍讲，成为皇帝的贴身顾问。据闻，朱允炆不但在读书时请方孝孺为他讲解疑难之处，连临朝处理国事，也常命方孝孺坐在屏风前批答，其与齐泰、黄子澄组成了皇帝的决策核心。

周齐代岷四王被废
剩余诸藩人心惶惶

在将周王朱橚逮捕至京，并经过一番审问调查之后，生性仁厚的朱允炆原本已经心软，打算把朱橚放回封国，但却遭到齐泰与黄子澄的极力谏止。他们认为如此一来无异于纵虎归山，朱橚一旦回到封地，势必加强警戒并与诸王联合，下次再要逮着他们，就不是这么简单的事了。于是朱允炆接受了建议，不但将周王废为庶人并流放边远之地，连朱橚的儿子们也都被迁往他处。在处理了周王之后，齐王朱榑、代王朱桂（朱元璋十三子）、岷王朱楩（朱元璋十八子）也都相继遭到逮捕。由于见到兄弟们一一受到侄子的整肃，目前燕王朱棣等诸王心中都早已惴惴不安，生怕下一个遭殃的是自己。

高人入府看相！
朱棣即将起兵？

在诸王陆续遭到清算之后，实力最为雄厚的燕王朱棣也开始为自己的将来感到忧心忡忡。而据可靠的消息来源指出，燕王的亲信高僧道衍（姚广孝）便劝他，与其坐以待毙，倒不如干脆起兵发难。为此，道衍还特别推荐了善于相面的高人袁珙到燕王府中为其看相。朱棣为了测试对方的道行，就穿上卫士的服装，然后找来九个相貌和自己很像的卫士，混在他们中间到酒店去喝酒。结果袁珙一进门，才望了一眼便跪在朱棣的面前，说："殿下为何会轻率地到这种地方来？"吓了一跳的朱棣立刻起身离开，并将他召入王府中。袁珙入府之后，仔细地端详了朱棣的容貌，然后说："殿下龙行虎步，日角插天，是太平天子的相貌。"袁珙的这番话，更加坚定了朱棣起兵的决心，于是便与道衍一同选将练兵，暗中广收勇猛及异能之士。

朱允炆开始削藩，已有多位亲王被废为庶人

啊！

！

嗳！

皇帝迟到遭劝谏
奏疏受褒广流传

有一天，朱允炆因为身体不适，所以很晚才上朝处理政事。但是御史尹昌隆并不知道皇帝生病的事，还以为他继位不满一年就已经开始怠政，立刻写了一道奏章直言上谏。尹昌隆在奏文中恳切地希望皇帝以太祖为榜样，听到鸡鸣便起床，天尚未明时就上朝，这样才能让文武百官都不敢懈怠。奏疏送入之后，左右侍从人员认为应该把皇帝是因为生病才会误朝的事告诉尹昌隆，免得以讹传讹，坏了皇帝名声。但朱允炆却认为敢这样直言不讳的官员十分难得，不能因这种小事使他有挫折感，所以下令将其奏疏颁发天下流传，以作为百官的榜样。

中央布棋围堵燕王

虽然燕王朱棣秘密招兵买马的事情十分低调隐秘，但这等大事总是无法完全封锁消息，很快地，有关朱棣在北平动作频频的密报便传入了宫中。于是朱允炆紧急找来齐泰和黄子澄，共同商议此事。君臣几经讨论，决定趁燕王兵备尚未准备好之前，先采取行动。在齐、黄二人的建议下，朱允炆任命谢贵、张信掌北平都指挥使司，张昺为北平左布政使，就近监察燕王的行动。另一方面，则以加强边防战备为名，抽调部分燕王的精锐卫队，以削弱其兵力，并派兵进驻开平以作为必要时之接应。

内线消息确定
燕王即将谋反

据记者得到的独家消息指出，燕王府长史（中级官员）葛诚不久前奉了朱棣之命到京奏事，朱允炆在召见他之后，又向他询问了有关燕王府中的大小事情，结果葛诚便将燕王准备谋反的事全部讲了出来。朱允炆确定叔父朱棣即将举兵谋反，虽然心里有些惊慌，但还是让葛诚继续回到燕王府作为内应。不过，听说葛诚的演技好像不是很好，一下子就被朱棣给发现，并开始对他有所提防了。

再不反，下一个就轮到我了！

削藩

吱！吱！

第 三 章

燕王靖难 夺取天下

（公元一三九九年～一四〇二年）

- 闪击拿下北平
  朱棣起兵靖难
- 李景隆围攻北平
  朱高炽冰城御敌

- 风神相助
  燕军逆转获胜
- 皇帝致信燕世子
  企图使出离间计

公元一三九九年　　**公元一四○○年**　　**公元一四○一年**　　**公元一四○二年**

- 平安领兵败燕军
  朱棣断后夜迷途
- 皇帝不想杀叔
  燕王大胆殿后

- 李景隆开门献降
  建文帝自焚身亡
- 燕王登基
  大封功臣

大儒建议 官制复古

朱允炆已于日前下诏，依方孝孺的建议，对中央政府体制做出大幅度的变更。六部尚书全都升为正一品，并增设地位高于侍郎的左右侍中。将都察院改为御史府，都御史改为御史大夫，同时废去十二道监察御史，改设左拾遗及右补阙两院。将通政使司改为通政寺，大理寺改为大理司等，几乎所有内外大

> 连衣服也要改成这样吗？

> 嗯，这样更好。

小衙门，都按照《周礼》所定的等级及制度，做了全面性的复古变更。虽然评论家一致认为，这件事目前来说并不急，还有许多更重要的事等着处理，而且大规模变更官制，不但在实质上没有多大的正面意义，还可能会造成不可预期的影响。但因为方孝孺十分坚持，而皇帝又对他的学识崇拜得不行，所以还是决定依他的意见来办理。

削藩紧锣密鼓 湘王只得自焚

在周王朱橚被夺爵囚禁之后，中央削藩的动作仍是紧锣密鼓地进行着。不久前，湘王朱柏（朱元璋十二子）便很"凑巧"地被人指控说有谋反的意图，于是朱允炆派人前往封国，准备将他押解到京师进行调查。但一向胸有大志的朱柏听到消息之后，知道自己一旦进了京，将会从此沦为阶下囚，甚至因此丧命，便笑着对部属们说："我亲眼见过许多太祖手下的功臣旧将，在获罪之后都不愿受辱，宁可选择以自尽来结束生命。我是太祖的儿子，怎么可以只为了求一条活路，甘愿忍受那些狱吏的百般折辱呢？既然我无法证明自己的清白，那么也就只有以死明志这一条路了。"于是他拒绝让使臣进入王宫之中，把妻小都聚集起来，遣散了其他部属及宫人，然后紧闭宫门，自焚而死了。而在朱柏轰轰烈烈地赴死之后，齐王朱榑、代王朱桂，也都先后被以各种理由贬为庶人并囚禁起来了。

朱棣低姿态称病　朝廷释回燕王子

眼看着诸位兄弟相继遭到清算，燕王朱棣很清楚地知道朝廷下一个目标就是他了，但碍于自己有三个儿子还留在京师当作人质，所以也不敢轻举妄动。于是朱棣上疏给皇帝，以身患重病为理由，请求朝廷允许他的儿子们可以暂时回北平探望。当朱允炆收到奏疏，询问亲信们的意见时，齐泰马上跳起来反对，认为这样无异于把手上的筹码全放走了。但是黄子澄对此则有不同的看法，他认为应该把燕王诸子放回去，以表示朝廷对他并无疑心，这样可以松懈他的警戒，然后再趁其不备发动突袭，便可一举成擒。朱允炆几经考虑，决定采纳黄子澄的意见，把人质放回去了。评论家认为，当初朱元璋在临终前把诸王之子集中到京师，为的就是要以此压制诸王，如今皇帝把燕王的儿子们放还，等于是让军事实力最强大的朱棣没了后顾之忧，大大地增加他起兵与朝廷对抗的可能性。

燕王精神失常！

最新的消息指出，之前被传病重的燕王朱棣，日前又因病情恶化而导致精神失常。据闻，曾经驰骋沙场的朱棣，现在不但每天胡言乱语，还常常躺在地上打滚。更夸张的是，明明是大热天，他竟裹着厚毯子在火炉边烤火，令前往拜访的宾客都不胜唏嘘。不过，朝廷在收到密报后并没有完全相信，目前已经派人通过其他的渠道前往查证之中。

据闻燕王朱棣已经精神错乱，行为异于常人了

150

皇帝已下密诏逮捕燕王

之前造成各界震撼的燕王朱棣精神失常一事，经过朝廷派人深入追查，果然被证实是燕王府故意发布的假消息。早就已经成为皇帝内应的燕王府长史葛诚，不久前便暗中通知北平左布政使张昺，说燕王不但根本没有病，实际上还在不断地加强战备，而这一切都只是为了要松懈朝廷的戒心，以便争取更多的时间。朱允炆在得报之后，立刻传下密诏给张昺，以及北平都指挥使司军官谢贵、张信二人，要他们立即前往燕王府逮捕朱棣。

张信行动前 **倒戈** 燕王获情报应变

根据可靠的消息，北平都指挥使张信，在收到皇帝密诏之后，决定投靠到燕王阵营。于是他抢先在张昺、谢贵二人行动之前，三次前往燕王府求见朱棣。不过在这种关键时刻，如此唐突的举动，当然被还在装疯卖傻的朱棣给拒绝了。后来因为事态紧急，张信便乘着妇人的座车，避开众人的耳目来到府门坚持求见，并成功地让朱棣把他召进了内室之中。张信一见到朱棣就躬身下拜，把收到皇帝密诏要来逮捕燕王的事全盘托出，并

表示自己已经决意投诚。起初燕王不信，还继续装出疯疯癫癫、不能说话的样子。但张信却接着说："殿下您不要再这样伪装了！如今我奉命前来逮捕殿下，您如果无意举兵，就应当被捆绑随我进京，去向皇上好好地说明。但如果有意要做一番事业，就不要再欺骗臣下了。"朱棣这时才起身下拜，直说张信是他一家得以再生的恩人。在得知了官军将采取的行动细节之后，朱棣已经找来他最重要的幕僚道衍和尚，紧急讨论起兵应变的计划。

殿下不要再装了，我是来救您的！

痛！

这次真的踢到脚啦！

由于张信的诚心投靠，终于让燕王卸下心防，不再装疯卖傻

151

闪击拿下北平　朱棣起兵靖难

燕王用计将前来包围王府的将领骗入府内，再以破瓜为号让伏兵发动袭击

在燕王暗中招兵买马的行动曝光之后，朝廷终于决定摊牌，命谢贵、张昺所率领的部队包围燕王府，并要王府交出一些被指控犯下叛国重罪的官员。不过，朱棣早就与道衍和尚拟定好了应变之计：先在王府中埋伏好了武装士兵，然后再拿着一份已经逮捕的官员名单给谢、张二人，迎他们进王府接收人犯，而且摆宴款待。朱棣还在宴席上，有说有笑地表示要亲自执刀切瓜，来请两位贵宾品尝。但就在现场气氛好像变得没那么紧张的时候，朱棣却忽然变脸，用力地把香甜的瓜果给掷在地上砸个稀巴烂。而此时预先埋伏好的士兵也蜂拥而出，谢贵、张昺都还来不及反应，便已被杀。原本包围在王府外的军队，听到头领已被擒杀丧命的消息，一下子全部溃逃四散。于是燕王的部队也乘机起兵，在很短的时间内便攻占了北平九门，牢牢控制住整个北平的局势。在取得第一阶段的胜利之后，朱棣立即上疏朝廷，向全天下宣称皇帝身旁的齐泰与黄子澄等人为奸臣，并援引《皇明祖训》中诸王在此情况之下，得以发兵入援以清君侧的讲法，起兵"靖难"（平定灾难），正式与朝廷兵戎相见。

燕军攻克怀来　继续往南推进

在夺得了北平的控制权之后，燕军便依事先拟定好的计划，以迅雷不及掩耳的速度夺下了通州，接着攻克蓟州，再大破居庸关，然后直指怀来。由于怀来的许多部队都是由北平调来的，所以守将宋忠便告诉兵士们，说他们在北平的家人都已经被燕王给杀了，想以此来鼓舞士气。但没料到这一手却被燕王给轻松破解，直接回北平找来了这些守城兵士的家人，让他们高举旗帜走在燕军队伍的最前面。宋忠的兵士们远远就看到熟悉的旗帜，然后又看到自己的父兄亲人，喜不自禁，两军之间竟相互呼喊慰问起来。在知道家中一切都平安之后，守城的兵士们对于宋忠欺骗他们的行为感到十分生气，便纷纷解甲向燕军投降。眼看着自己的部队已经迅速瓦解的宋忠，只好赶紧重新下令布阵迎敌，但阵形都还没排好，燕军便已挥师渡河并大开杀戒。最后斩杀了守军数千人之多，成功地夺下怀来，同时也缴获了八千余匹战马。

燕军已经把你们的家人全都杀死了，你们一定要替家人报仇啊

嗨！老婆！

我好像看到我爸了呢……

怀来城守将用来激励士兵的伎俩，被燕王轻易破解

老将耿炳文挂帅 大军三十万抗燕 ·····················

在燕王宣称"靖难"的反书送达朝廷之后，朱允炆便依齐泰的建议，下诏削去燕王的爵位，正式调动大军准备征讨朱棣。不过，此时因为朱允炆正兴奋地与方孝孺讨论《周官》的制度，所以把征燕的军事战略全都交由齐泰与黄子澄二人裁决。只是当初跟随朱元璋争夺天下的猛将大多已经凋零，朝廷不得不起用已经六十五岁的长兴侯耿炳文为征虏大将军，调集了号称三十万大军，在中秋前夕抵达真定，并分兵于河间、鄚州、雄县，以成掎角之势准备迎击南下的燕军。

南军受到重挫　退回真定坚守

八月十五日，正当驻守雄县的官军都在欢庆中秋之时，黑夜中却突然响起了燕军的进攻号角，在守军还来不及反应的情况下，朱棣的部队就已经夺下了城池。得手之后，又利用在桥下伏击的方法，击败了从鄚州赶来的援兵，然后全力挺进攻克鄚州，并收编了官军的剩余部队。之后朱棣又趁着燕军主力与耿炳文大军相持时，亲自率领精锐部队从侧翼发动突袭，再一次击溃了南军，并俘虏了三千多名的士兵纳入己方阵营之中。遭到重挫的耿炳文，只好率领不到十万人的残部逃回到真定城中坚守不出。燕军随后连续强攻了三天，都没有办法打下真定城，也只好先行返回北平，重新整编队伍并补充军需。

出师不利 阵前换大将　倾国之师交付李景隆

前线的败绩令原本信心满满的朱允炆大失所望，他考虑把出师不利的耿炳文给撤换下来，于是便为此事询问幕僚的意见。黄子澄推荐名将李文忠之子李景隆，认为他最适合接任统帅之位。而齐泰则认为李景隆能力不足以担此重任，站在反对的立场。不过，最后朱允炆还是采纳了黄子澄的建议，在八月底任命李景隆为大将军，并将耿炳文从前线召回。李景隆重新调集了各路兵马，加上之前耿炳文的部队，以五十万大军的兵力，在九月十一日推进到河间，准备直捣燕王的根据地北平。据闻，朱棣在得知南军阵前换将，朝廷以五十万倾国之师交付李景隆的时候，简直乐坏了，还对外表示说："李景隆根本不会用兵，给他五十万大军，等于自取灭亡。看来赵括之失必然重演，我军必然得胜。"

你还是赶快回家养老去吧，哈哈……

……

老将耿炳文首战不利，立刻遭到撤职，换上李景隆指挥全局

154

宁王遭朱棣挟持入伙　剽悍三卫军编入燕营

在朱元璋生前分封的诸王当中，除了燕王朱棣之外，力量最雄厚的就属拥有甲兵八万人、战车六千乘的宁王朱权了。朱权不但在多次征战中表现出过人的谋略，他所统辖的"兀良哈三卫"——泰宁卫、朵颜卫、福余卫骑兵，更是以骁勇善战著称。正因如此，所以在朱棣起兵之后，齐泰、黄子澄怕宁王会与燕王同声一气，便奏请皇帝下诏召朱权入京。朱权认为自己一旦到京城，必将有去无回，于是就找了些借口加以拒绝。只是这些借口并没有什么作用，朱允炆仍旧下令削除了宁王的军事护卫。据闻，朱棣在听到这个消息之后，便心生一计，想把朱权拉入他的阵营之中。他先假装作战不利，在穷途末路的情况下，前往大宁向朱权求救。朱棣把部队留驻在远处，然后自己单骑入城，抓着朱权的手哀求，说他是不得已才起兵的，并请朱权念在兄弟之情，帮他起草谢罪奏章。数日之后，朱权送朱棣出城，但当一行人走到郊外时，燕王早已埋伏好的士兵便蜂拥而上，强迫朱权与他们同行。而早已暗中投靠燕王阵营的三卫将官及部分守军，也在此时开始对城中发动攻击。大宁守将抵挡不住，最后与宁王府左长史石撰等人都不屈而死。王府的妃妾、世子也都跟着被半强迫加入的朱权，一起被送往北平。在宁王手下这批以剽悍著称的三卫精锐被收编到燕军旗下之后，朱棣的实力又大幅提升。

宁王朱权在燕王的半胁迫之下加入了燕军阵营，让朱棣的实力又大幅提升

155

李景隆围攻北平　朱高炽冰城御敌

南军统帅李景隆一听到燕王朱棣率兵亲征大宁的消息，便抓准时机对其根据地北平发动包围战。守军在燕世子朱高炽的指挥之下，则是整肃军纪并拼死顽抗，不但连妇女都登上城墙向敌军投掷瓦石，还在夜间选派勇士用绳索垂降城外，对敌军偷袭，迫使南军后退十里扎营。但毕竟李景隆的部队有五十万人之多，所以攻势还是一波又一波持续不断地进行着。后来都督瞿能与其子率领一千多名精锐骑兵拿下了张掖门，眼看着北平城快要被攻破时，李景隆却又因为不想让瞿能立下太大的功劳，而下达了停止进攻的命令，说要等大军一起向前推进才行。就在这么一耽搁之间，朱高炽已经下令守军打水浇城，利用天寒地冻的低温，让城墙在很短时间内

这什么鬼?

朱高炽在一夜之间筑起冰城，让李景隆在最后关头无法攻破

便结成了无法攀登的冰墙，使得南军更加难以进攻。而反观李景隆的部队，总人数虽然呈现压倒性的优势，但因为从早到晚都实施戒严，夜以继日地在冰天雪地中值勤，很多士兵冻死或过度疲劳，致使战斗力已经急速地下降。

朱棣南返内外夹击南军溃败主将先逃

十一月初，燕王朱棣终于率领燕军主力逼近了北平，并趁着气温急降、大雪纷飞的夜晚，利用河流结冻的机会渡过了河。不久，前方忽然出现李景隆所率万余名的前哨部队，在朱棣的指挥下，燕军发挥了机动性及强大的攻击力，在很快的时间之内便夺得了胜利，并继续向南军主帅大营推进。李景隆在得知燕军已经杀到眼前的

消息之后，慌慌张张地重新部署，又与燕军主力军团发生激烈的战斗。但就在这个时候，北平守军也转守为攻，使得南军陷入了腹背受敌的窘境。历经几番战斗，李景隆见情势不对，便趁着黑夜率先逃跑，逃到德州去了。第二天清晨，南军发现主帅竟然已经先溜走了，便丢下了所有的军粮辎重，没命地往南逃散而去。南军此役，不但折损十万兵士、丧失大批的物资，连士气也受到重挫。

年度热搜榜

【明·建文二年】公元一四〇〇年

平安领兵败燕军　朱棣断后夜迷途

在李景隆受到重挫之后，朱允炆对他的信任并没有减损，还是继续把北伐大任交付给这个纨绔子弟。于是李景隆便起用了武英侯郭英、安陆侯吴杰，集结了六十万大军，分两路北进，再度挑战燕军。燕王朱棣当然也不甘示弱，领了兵便往南进发，于今年四月下旬渡过了白沟河。不过，这次燕军首先遭遇到的是以勇猛著称的都督平安，在一阵拼杀之后，南军以优势的兵力及火器让燕军吃足了苦头。朱棣为了让部队可以安全撤退，只好带着几个骑兵亲自断后，结果在入夜之后却迷失了方向。所幸朱棣久经沙场，赶紧下马伏在地上观察各种地形，并参考河水的流向，才找出了正确的方位回到营寨之中。

燕王逆势反击　景隆再尝败绩

虽然前一天才吃了败仗，但燕王朱棣在第二天让部队吃饱之后，再次渡河挑战南军。拥有六十万大军的李景隆将部队一字排开，以宽达数十里的阵仗正面迎敌，两军正面爆发了激烈的血战。经过几回合较量，朱棣发现情势渐渐对燕军不利，便亲自冒着刀斧之危、箭矢之险在阵前领兵冲杀。而李景隆的部队见到燕王的旗帜，哪里肯放过，集中兵力紧咬着朱棣。在第一线拼杀的朱棣不但把身上三个箭袋的箭都射光了，连佩剑也砍到折断了剑锋，甚至坐骑都因受伤而三度更换。眼看着敌军的包围圈越来越紧缩，朱棣也只能边战边退，一直到退路被河堤所阻断。而就在敌军几乎要追上时，朱棣扬鞭策马，居然一跃登上了河岸。李景隆原本要下令部队追击，但看到朱棣高挥马鞭，便判断后面一定有伏兵，连忙止住部队。过了一阵子，才发现根本没有什么伏兵，一切只是朱棣在情急之下所施的缓兵之计罢了。不过就在李景隆发现上当，要再重启攻势时，朱高煦（朱棣次子）的部队赶到，使得南军白白失去一次活捉燕王的机会。接着双方混战到傍晚，原本还占优势的南军，却因一阵突然刮起的大风把将旗吹折，导致阵列混乱。于是朱棣抓准这个时机，带领一队精锐骑兵绕到南军后方顺风放火，结果火乘风势，南军阵营一下子就被烧个精光，数名英勇的将领也葬身火海。形势经此逆转，李景隆的部队一溃不可收拾，在损失了全部的辎重粮草，并被俘虏了十几万士兵之后，败逃到德州。

铁铉诈降设伏兵 朱棣大意险丢命

朱棣大意入城误中埋伏，却又两次都侥幸逃脱

在李景隆败退到德州之后，朱棣继续领兵追击，并攻破德州防线，夺得了城中的上百万石粮食，然后趁着声势大振之际，再度对阵已经溃逃到济南的李景隆。虽然南军还保有十几万兵马的实力，但朱棣却看准敌军尚未摆好阵势的时机，派出骑兵冲击敌阵，又漂亮地取得了一次胜利。李景隆兵溃逃走，燕军便包围了济南城，朱棣立即下令决堤灌城。守军见此情势，也立刻表明了归顺的意愿，不但派一千多名士兵出城跪伏在燕王面前投降，还撤去城中所有的防御设施以表示诚意。不过，济南守将铁铉也提出了附带条件：为了让城中百姓安心，知道大军绝对不是来屠杀人民的，所以请燕王将部队后退十里，然后自己单骑进城，这样城中百姓一定会夹道欢迎明主的来临。朱棣答应了这个条件，便下令退兵，等到第二天，在几个卫士

的簇拥下骑马缓步进城。结果才刚踏进城门，在城中百姓高呼千岁之时，城门上方便轰然落下一块极为厚实的大铁板，当场砸掉了燕王坐骑的马头。原来这一切都是铁铉的计谋，他先利用降卒松懈敌方的警戒心，然后企图一举砸死朱棣。不巧的是时间没有算准，让朱棣得以死里逃生，并在惊吓之余当场换马往回奔逃。哪知铁铉的陷阱可不止一处，他早已在护城河的桥上预设了另一支伏兵，打算把桥弄断以阻住退路。但是，幸运之神再度眷顾了朱棣，这些埋伏的士兵又因事出仓促，手忙脚乱到没有办法在第一时间弄断桥梁，让朱棣得以策马从桥上飞驰而过，安然无事地回到燕军大营之中。目前，极为愤怒的朱棣已经下达再次围攻济南的命令，非要夺下此城以泄心头之恨不可。但守城的铁铉也非等闲之辈，看来这场仗还有得打。

守军祭出太祖牌位　朱棣不敢发炮攻城

燕军在强攻猛打三个多月之后，仍然未能拿下由铁铉固守的济南，其间虽然一度用大炮轰城，将守军打得几乎无法支撑，但由于铁铉把书写着明太祖谥号的牌位悬挂在城上，使得朱棣有所顾忌，不敢再发炮攻城。最后朱棣打到无计可施，而由平安所率领的二十万南军部队，又开始出兵扰乱燕军的粮道，所以朱棣只好听从道衍和尚的建议，从济南城下撤军。结果铁铉看燕军开始撤退，便主动出城追击。于是在一退一进之间，攻守易位，变成燕军被打个大败，连之前拿下的德州也被南军大将盛庸收复了。

皇帝不想杀叔　燕王大胆殿后

入冬之后，朱棣决定再度南下，并仅用两天的时间攻下沧州，然后进逼济宁，迫使南军大将盛庸从德州移驻到东昌城外，背城列阵。盛庸见到燕王亲自率军冲锋，便张开两翼将其诱入，然后再加以合围。幸好燕将朱能率领蒙古骑兵及时来援，被重兵围困住的朱棣才能乘机突围而出。不过，此时燕军已在火器的攻击中伤亡惨重，连大将张玉也战死于阵前。在损失数万兵马之后，燕军溃败并向北奔逃，其间，有好几次朱棣都已经身陷险境，但因为朱允炆不想背负着杀叔父之名，所以下达了不能杀死燕王的旨意，这使得南军在动手时十分顾忌。而朱棣也就利用此点，在大军溃败撤退的时候，只领着少数骑兵殿后。南军虽然追得及，却始终不敢太靠近他。就这样一直撑到朱高煦领着支援部队来到，并击退了追兵，燕军主力才得以退出战场。

风神相助 燕军逆转获胜

朱棣在遭到惨败之后，决心再度发兵雪耻。于是他亲自撰写祭文，泣拜了阵亡将士张玉等人，并将自己的袍服脱下于灵前焚烧，然后发表了一篇动人的演讲以激励全军将士，随即出师南征。这时，由大将盛庸所率领的二十万南军主力驻扎在德州，而吴杰、平安的部队则驻于别处以成掎角之势。由于考量到攻城难而野战易，为免攻城时另一支敌军来袭，造成前后受敌的窘境，朱棣决定要在野战中先与其中一军速决胜负。在探知盛庸军队已经开到夹河布阵时，燕军便也迅速立营于离敌四十里之处，然后趁着两军主力正面冲击的当口，朱棣亲率一万名骑兵及五千名步兵，绕道向敌军的侧后方发动猛攻。双方经过一阵激战，互有胜负，南军折损了部将庄得，燕军大将谭渊也在此役中丧生。入夜之后，朱棣与其数十名卫从因为来不及回到营寨之中，便在敌营的附近露宿休息。没想到醒来的时候，却已经被南军部队给重重围住。朱棣见敌我兵力悬殊，不可能以武力脱困，于是便孤注一掷，再次利用皇帝的禁杀令，引马鸣角，就这样大摇大摆地从敌军中间穿过。南军见到这种情况，反而不知道要如何反应，箭也不敢射，人马也不敢靠近，就这样让朱棣扬长而去。朱棣回到营中，再度指挥部队发动攻势，与南军又激战了七八个小时。但就在双方打得难解难分时，忽然刮起了对燕军有利的东北强风，漫天的尘土把逆风而战的盛庸部队吹得眼睛根本张不开。于是战况急转，南军霎时被打到溃不成军，在折损了数万人之后终于退回德州城中。而原本已经率军出援的吴杰及平安，得知盛庸的部队溃败了，也匆匆引兵退回真定固守。

朱棣露宿醒来，发现已经被敌军包围了

齐泰黄子澄外放　密令下乡募兵

由于战败后检讨声浪四起，所以朱允炆已在日前下令，免除了核心幕僚齐泰及黄子澄的职务并谪出京城，以示对夹河之败的负责。但是，据可靠消息指出，齐、黄二人的外放，除了暂时堵住某些官员的口之外，其实还有另一项任务，就是奉了皇帝密令下乡募兵，以补充渐感吃力的兵员供应。

激烈拼战　朱棣乘风扫敌

燕军在上一役中击败了德州的盛庸大军，重振雄风，便将下一个目标选定为真定。不过，燕王朱棣在勘查过敌情之后，认为真定城防务坚固不容易得手，所以决定用计将敌军诱出城外再进行决战。于是他派部队四处去掠取粮食，假装成营中空虚的样子来引诱敌军。真定的守将吴杰听到这一消息，不疑有诈，立刻率领主力部队出城，准备向燕军营寨发动突击。后来，果然如朱棣所预想的一样，两军在旷野遭遇。吴杰的部队在西南列出方阵，朱棣则是以大军阻其三面，然后亲率精锐部队猛攻其东北角。在一阵激烈的冲杀之后，朱棣又亲领一队骑兵绕到敌阵后方准备袭击，哪里晓得吴杰早已料到有这一招，在此埋伏了火器与弓弩，向朱棣发起了反突击。结果一时之间火弹四射，箭如雨下，好多燕军士兵都死在火器及弓弩之下，连燕王大旗上所中的箭也像刺猬的刺一样密集。但意外的是朱棣居然毫发无损，还亲率精锐骑兵冲破了敌阵，导致南军败逃回城。数日之后，双方重整旗鼓再度激战，但幸运之神还是眷顾着朱棣，在关键时刻又刮起了强烈的北风，再度帮助燕军横扫敌阵。最后吴杰的部队溃不成军，被斩杀的兵士超过六万人，狼狈地奔回了真定城内。

这太惊险了！

在敌军的箭雨之下，燕王居然毫发无损

朱允炆故意写信给朱高炽，企图离间朱棣父子之间的关系

皇帝致信燕世子　企图使出离间计

燕王朱棣的部队近来接连打了几场胜仗，还封锁了南军通往德州的饷道，使得朱允炆为此忧心不已。于是方孝孺便献上一计，打算利用朱高炽与朱高煦的矛盾，来离间燕王与世子之间的关系。朱允炆欣然采纳其计，派锦衣卫千户张安带着玺书给燕世子朱高炽，假装成要与他订立密约，然后又故意把消息外泄给朱高煦知道。据闻，目前朱高煦已向父亲举发此事，说留守北平的朱高炽已与南军达成协议，将要背叛朱棣，然后自己坐上燕王之位。评论家表示，如果南军的离间计能够成功的话，朱棣将因生疑而北返，原本被燕军封锁的饷道便可因此打通，而朱高炽则会被拉下燕世子之位，由觊觎此位已久的朱高煦成为名正言顺的接班人。

162

离间信原封转呈　朱高炽危机自解

正当朱允炆以为离间计将要成功之时，足智多谋的燕世子朱高炽，却巧妙地化解了这次危机。原来他在收到皇帝的密封诏书之后，还没打开便已经猜到是怎么一回事了。于是便命人将尚未拆开弥封的书信直接呈交给了父亲。朱棣在收到信之后，也立即明白了是怎么一回事，不但没有对朱高炽有任何的怀疑，还对他这样的处理方式赞誉有加。朱高炽漂亮地破解了对方的计谋，同时也保住了自己的世子之位，可说是一举两得。而最感到失望的，除了朱允炆之外，可能就是原本以为自己可以取而代之的朱高煦了。

干得好！

举兵三年原地踏步　道衍建议直取南京 ——————

南军将领平安趁着燕王朱棣率领主力军团外出征战时，直接挥军进逼兵力空虚的北平，而朱棣在得到消息的同时，也得知了盛庸的部队正准备袭取保定。于是便决定回师北上，以保住自己的根据地，并在与敌军几番冲突之后回到了北平城中。据可靠的消息来源指出，燕军首席参谋道衍和尚在与朱棣商议时，认为举兵三年以来，虽然朱棣亲临前线指挥，多次带领将士赢得漂亮的战役，也攻下了不少城池，但往往当部队离开之后，南军便又重新占据。结果到目前为止，真正在燕军控制之下的，还是只有北平、保定、永平三地而已。讲难听一点的话，就是劳师动众又徒劳无功，再长久这样耗下去，局面可能会越来越不利。所以，最后朱棣决定不再与盛庸、平安等部队纠缠，也不再把重点放在攻占城池，而要改变战略，快速挥军直取守备空虚的京师。

道衍和尚

夺桥之战　燕王险境脱身

在听闻燕军正以势不可当的气势南下时，朱允炆立刻命魏国公徐辉祖（徐达之子）率领京师的精锐部队北上增援。不久后，燕军前进到睢水，大将陈文便指挥部队架桥，准备渡河。一路尾随着燕军紧咬不放的平安部队，却趁着这个时机突然出现，并发动猛烈的攻势，与燕军争夺渡桥。而就在燕军忙着对付平安部队的同时，又有另一支由何福率领的南军部队也赶到现场，张开左右两翼沿河东夹击燕军。在一阵混战之中，陈文当场战死，而朱棣则是与平安短兵相接，并差点被横枪刺中。所幸燕军阵营中的王骐及时跃马入阵，扶助燕王逃脱，朱棣才能免于一死。最后由南军成功地夺下渡桥，目前两军分别于桥的南北驻扎，正持续对峙中。

徐辉祖及时驰援　政府军颓势逆转

在两军相持数日之后，南军因为粮饷断绝而开始士气低落，整个情势似乎转为对燕军有利。于是燕王朱棣便决定抢在南军的补给到达之前，夤夜率领一支部队从远处渡河，然后绕到南军的背后突击。而这个计策果然也如预期般成功，打得平安的部队大惊失色，几乎濒于全军瓦解的危境。但幸运的转盘这下子好像转到了南军这边，就在最紧急的时刻，受命北上驰援的徐辉祖部队刚好及时赶到。在这支精锐军团加入战斗之后，情势一百八十度扭转，燕军猛将李斌奋战而死，南军获得大捷。

连续受挫　燕军出现北返声音
朱能力挺　燕王拍板继续南征

在遭逢重大挫败之后，燕军将领中开始出现要求北返的声音，于是朱棣召开了高层军事会议，询问诸将的看法。结果大部分将领都表示想要放弃接下来的行动并折返北方，只有朱能站在朱棣这边向大家喊话，表示应该坚持到底。据在场的将领转述，

徐辉祖及时出现化解危机

朱能当时抚着剑说："汉高祖刘邦十战九败，终得天下。现在我们连连得胜，稍微受挫就回去，还好意思做臣子吗？"朱棣也说："敌军长期饥疲，如果断其粮道，可以将之困住而改变整个局势。怎么能轻言北返，松懈将士之心。"最后就是因为这番话，让燕军上下坚定了南征的决心。

三声炮响　双方暗号相同
两方争战　南军全军覆没

在成功地截击燕军并获得重大胜利之后，朱允炆不知道从哪里得到了燕军已经兵败北返的错误情报，于是便下令要魏国公徐辉祖率领着精锐军团回守京师，只留下平安等人的部队在北方战线继续留守。平安等将领因为考虑到在河边不易防守，所以便移营灵璧，构筑深沟高垒，并由平安率领六万名兵士执行护粮任务。而原本被认为已经撤营北返的燕军，却于此时忽然出现在地平线的一边，由朱棣亲自率领的骑兵在很短的时间内便向平安发动了奇袭，然后硬将护粮部队给扯裂为两半。留在营寨中的南军将领何福见状，便紧急全军出动救援。但是这个反应也早在朱棣的预料之中，所以当何福行进到一半时，朱高煦也率一支伏兵从半路杀出，直接冲入阵中大败南军。平安与何福仓促逃入灵璧城垒中之后，考量到粮草已经不足，他们决定

在第二天听到三声炮响的暗号时，全军便突围而出，然后前往淮河取得补给。但是，事情就是这么巧，燕军第二天攻城时的进攻暗号，刚好也是三声炮响。于是就在燕军发动攻击时，南军也以为是己方的暗号，纷纷夺路而逃，结果被燕军逮个正着，一下子便全军覆没，灵璧之战也就在这种意外的状况之下结束了。此役燕军生擒了陈晖、平安等三十七名将领、四名宦官，以及一百五十名官员，并缴获了战马二万余匹，投降的士兵更是不计其数，只有何福单骑逃走。而在这些被俘的将领中，又以平安最为勇猛，屡次打败燕军，还连斩数员猛将，让燕军上下对他又惧又恨。尽管诸将要求杀掉平安以为同袍报仇，但朱棣见他是个人才，极力劝说他归顺投降，使得燕王麾下也从此多了一名善战的勇将。

由于双方设定暗号相同，使得南军在开门撤退时刚好遇上发动冲击的燕军，因而全军覆没

扬州的投降引发连锁反应，使得燕军迅速逼近京师

投降引发连锁反应　朱棣大军逼近京师

　　士气正盛的燕军快速南下，于今年五月中逼近了扬州，镇守此地的官员王彬原本想要抵抗，不料却在洗澡时遭到背叛的属下捆绑，扬州城也就这样不战而降。而这一降，却好像引发了连锁反应一样，让军事重镇高邮也跟着归降燕军阵营。由于敌军逼近京师，惊慌不已的朱允炆在与方孝孺商议之后，定出了紧急的应变方案。首先是颁发罪己诏，先部分承认自己的过失，号召天下兵马立即勤王。同时派练子宁、黄观、王叔英等人外出募兵，并召回心腹齐泰、黄子澄共商大计。为了拖延时间，朱允炆还让庆成郡主（朱元璋的侄女，朱棣的堂姐）去跟朱棣谈判，表示朝廷愿意割地停战。不过，朱棣当然知道这是缓兵之计，所以便冷冷地对郡主说："这只是奸臣想要把我拖住，然后等待远方之兵来援的计谋罢了。"郡主被这句话噎住了，顿时无言以对，只好讪讪而归。

在父亲的激励之下，觉得自己有机会取代世子地位的朱高煦奋勇作战

朝廷的和谈之计并没有减缓燕军南下的速度，今年六月初，朱棣的南征军团便已抵达了浦子口，准备渡江。但就在这个时候，南军大将盛庸的部队也抵达此处，并打算拼全力做最后的抵抗。两军对战之下，没有退路的盛庸部队奋勇作战，使得燕军主力逐渐居于劣势。一直到朱高煦引兵来援，才稍稍扳回了颓势。这时朱棣为了鼓励朱高煦，便拍着他的肩膀说："好好干，世子的身体不好。"听到这句话的朱高煦，心想只要打赢了这场仗，老爸便会舍弃大哥朱高炽而让他接班，之后这整个天下就都是他的了。于是肾上腺素大爆发，勇如天兵降临一般地殊死力战，一举逆转劣势，击败了盛庸的部队。

皇帝遣使谈判 燕王明确回绝

先是击败盛庸的部队，南军的江防都督金事陈瑄又带着水师归附燕军，所以朱棣便自瓜洲轻松渡江，并在镇江不战而降之后，推进到距离京师仅数十里的龙潭。朱允炆被逼得如热锅上的蚂蚁一般，在殿间来回不停地走动。方孝孺应召入殿献策时表示，城中尚有二十万军力，加上城高难破，只要再派人出面谈判以争取时间，然后坚守待援，便一定会出现转机。但是在朱允炆连续两天派出李景隆、茹瑺，以及谷王朱橞（朱元璋十九子）、安王朱楹（朱元璋二十二子）前往谈判之后，朱棣仍是坚定地表示不要割地，只要奸臣的人头，所以燕军目前仍旧继续往京城逼近。

李景隆开门献降 建文帝自焚身亡

由于京城经过朱元璋数十年的精心修筑，城墙可以说是十分坚固而难以攻破。所以原本各界预测，就算燕军集中全力强攻，也必须损伤大批的兵员，并耗费不少时日才有攻下的可能。但事情的发展往往出人意料，当燕军逼近这座固若金汤的雄伟巨城时，双方根本都还没开打，负责防御金川门的谷王朱橞与曹国公李景隆却忽然变节，开门将燕军迎入城中了。在此同时，皇宫也燃起了熊熊烈火，于是朱棣便命人立刻前往灭火。在火势扑灭之后，从火场中发现了几具已经烧得焦黑的尸体，据宫内的宦官供称，其中三具便是皇帝朱允炆、皇后马氏，以及皇太子朱文奎。虽然朱棣随后也对外发布了皇帝驾崩的消息，并为其举行了葬礼，但据说他并不大相信朱允炆真的已经葬身火海。因为京中有传闻说朱允炆根本没死，早在纵火焚烧皇宫之前，他便已剃发易容，假装成和尚，带着朱文奎从地下密道逃走了。朱允炆是否身亡暂时还无法确定，但朱棣登上大宝之位的仪式仍然在进谒孝陵（明太祖朱元璋陵寝）之后完成。朱棣（明成祖）宣布承继父亲朱元璋的皇位，建元"永乐"，同时完全否定朱允炆在位的合法性，废除"建文"年号，并将本年改称为"洪武三十五年"。

有传闻说朱允炆并没有自焚，而是已经改扮成和尚从暗道逃走了

168

齐泰黄子澄不及赴京 双双被捕整族诛死

受召回京的黄子澄及齐泰，还来不及赶到，京城便已经失守。于是黄子澄一面四处躲避朱棣的追捕，一面密谋反抗。不久之后来到嘉兴与知府杨任密谋起事，但因行踪被人告发而遭到逮捕。被押到朱棣面前时，黄子澄仍是抗辩不屈，最终被凌迟处死。而齐泰则是在打算逃亡时，唯恐自己所骑的白马过于醒目，便在马身上涂墨汁伪装，但后来才骑没多久，白马开始出汗褪色，还是被认了出来，因而被捕丧命。由于朱棣一开始就认定了齐泰及黄子澄二人就是煽动朱允炆对付他的罪魁祸首，对他俩可说是早已恨之入骨，所以连带把他们整个家族，不论老幼也一同连坐处死，幸存的妇女则遭到惨无人道的对待。

坚不称臣 徐辉祖削爵软禁 铁铉不屈遭凌迟

在朱棣进入京城的时候，绝大部分原属南军的武将都前往恭迎，并表示归降之意，只有魏国公徐辉祖一直在家中守着父亲徐达的祠堂没有现身。后来朱棣召他前去问话时，徐辉祖仍是不发一语，始终没有表示说要拥戴朱棣为皇帝。被惹毛的朱棣一气之下便将其投入狱中逼供，但徐辉祖还是只在口供上面写了：先父是开国功臣徐达，而且有太祖颁发的铁券。朱棣因此更为愤怒，简直气到想杀了他，但碍于免死铁券，又考

虑到自己的正室夫人就是徐达的女儿，所以最后只有削其爵位，并勒令他返回家中软禁。而在战争期间也曾令燕军伤透脑筋的兵部尚书铁铉，则是在被逮到殿堂之上时，坚持背对朱棣，面朝外坐着，同时大骂不止。就算朱棣命两个武士用夹棍挟持他，硬是要他把脸转过来，也都没有成功。但铁铉毕竟不像徐辉祖那样有铁券护身，所以朱棣在盛怒之下，便将他在闹市中凌迟处死了。

方孝孺批燕贼篡位　破纪录诛尽十族

早在朱棣起兵之时，首席参谋道衍和尚便曾提醒他说："方孝孺乃是当今天下第一名儒，其学识及品德都为各界所推崇。城破之日，他是绝不会投降的。请务必记得，万万不能把他杀了，否则天下读书种子将会就此灭绝。"果然，在燕军攻破京城之后，虽然朱棣屡次派人到狱中招降，并表示希望由方孝孺来撰写皇帝即位诏书，但他却一直坚决不从。之后朱棣派人强行把他押解上殿，当面劝他仿效周公辅佐成王那样辅佐自己，而方孝孺却厉声反问皇帝在哪里。当朱棣告诉他朱允炆已经自焚时，他又继续质问为何不立皇帝的儿子为君。这时已经有点不耐烦的朱棣便回答说，国家需要的是一个成年的国君，于是他又逼问为何不立皇帝的弟弟。这下就真的把朱棣给惹恼了，只回答说："这是我们家的家务事！"说罢便叫人把笔墨摆到方孝孺的面前，硬要强迫他写诏书。方孝孺接过笔，就写上"燕贼篡位"几个字，然后把笔丢在地上，大声地骂道："死就死吧，我是决不会帮你写诏书的。"朱棣见到方孝孺宁死不屈，便威胁他说："难道你不顾

全九族的性命吗？"但方孝孺义无反顾，全无惧色，反而回答说："就算十族又奈我何？"朱棣听到这句话简直气到七窍生烟，也顾不得之前道衍的提醒，便命人把方孝孺押进死牢，再大肆搜捕所有跟他扯上边的人。然后在行刑当日，将方家亲友都押往刑场，在方孝孺面前一一杀害，最后才把他凌迟处死。方孝孺的九族亲属，加上硬被归入第十族的门生故交全部遭到诛杀，因此事连坐下狱及被流放充军的更是数以千计。

我不该跟他认识的……

我……我才旁听过一节课而已，这样也算吗？

方孝孺史无前例地被诛十族，连朋友、门生也都难逃连坐处死

170

景清行刺失败　瓜蔓抄家乡成废墟

在方孝孺被诛十族之后，御史大夫景清也遭到同样的命运，被朱棣以"瓜蔓抄"的方式，将与他有关联的亲族朋友全部株连，一口气杀光。其实在一开始，景清就只是为了要伺机替朱允炆报仇而假意归顺，朱棣还念他是旧识，让他官复原职。但就在他要动手的那一天，朱棣御用的占卜师却提出紧急警告，说有红色的客星将冒犯帝座。而当天满朝文武只有景清一个人穿着红色官服，于是朱棣便下令搜身，果然就在他身上搜出了一把利刃。景清见事已败露，便大声地骂道："叔夺侄位，就好像父奸子妻一样！我只是要为故主报仇罢了！"朱棣闻言，心头震怒，当场就下令打断景清的牙齿，并割下他的舌头，而景清则是在被拖出去凌迟处死之前，把朱棣的御案及龙袍喷得整个都是血。但这样做的代价，是他家乡的亲戚友人全被杀光，现在他的家乡已经变成一片废墟了。

景清的家乡被瓜蔓抄之后已经成为一片废墟

燕王登基　大封功臣

在朱棣坐上皇位之后，开始对朱允炆的遗族做出处置，把他年仅两岁的幼子朱文圭废为庶人并囚禁于凤阳，原本已经受封为亲王的弟弟朱允熥、朱允熞、朱允㷤也马上被降级，听说不久后也会被废为庶人。相较于这些人，靖难有功的诸位功臣，则是全都获得封赏。以起事之时率先夺取北平九门的丘福为淇国公、朱能为成国公，并追赠已战死的张玉为荣国公。此外，投诚有功的李景隆、王宁、茹瑺等人，也都各自获得不同的封赏。至于运筹帷幄的第一功臣道衍和尚，则因出家人的身份特殊而没有封公列侯。实际上，虽然道衍只被任命为礼部僧录司左善世（佛教管理部门官员），但他在朝中的地位和影响力，放眼整个政坛应该无人能出其右了。

热搜事件榜单

173

175

177

- 中央布棋围堵燕王
- 内线消息确定　燕王即将谋反

149　公元一三九九年

- 大儒建议　官制复古
- 削藩紧锣密鼓　湘王只得自焚
- 朱棣低姿态称病　朝廷释回燕王子
- 燕王精神失常！
- 皇帝已下密诏逮捕燕王
- 张信行动前倒戈　燕王获情报应变
- 闪击拿下北平　朱棣起兵靖难
- 燕军攻克怀来　继续往南推进
- 老将耿炳文挂帅　大军三十万抗燕
- 南军受到重挫　退回真定坚守
- 出师不利阵前换大将　倾国之师交付李景隆
- 宁王遭朱棣挟持入伙　剽悍三卫军编入燕营
- 李景隆围攻北平　朱高炽冰城御敌
- 朱棣南返内外夹击　南军溃败主将先逃

157　公元一四〇〇年

- 平安领兵败燕军　朱棣断后夜迷途
- 燕王逆势反击　景隆再尝败绩
- 铁铉诈降设伏兵　朱棣大意险丢命
- 守军祭出太祖牌位　朱棣不敢发炮攻城
- 皇帝不想杀叔　燕王大胆殿后

160　公元一四〇一年

- 风神相助　燕军逆转获胜
- 齐泰黄子澄外放　密令下乡募兵
- 激烈拼战　朱棣乘风扫敌
- 皇帝致信燕世子　企图使出离间计
- 离间信原封转呈　朱高炽危机自解
- 举兵三年原地踏步　道衍建议直取南京

164　公元一四〇二年

- 夺桥之战　燕王险境脱身
- 徐辉祖及时驰援　政府军颓势逆转
- 连续受挫　燕军出现北返声音　朱能力挺燕王拍板继续南征
- 三声炮响　双方暗号相同　两方争战　南军全军覆没
- 投降引发连锁反应　朱棣大军逼近京师
- 朱高煦接替世子？！　一句话勇如天兵
- 皇帝遣使谈判　燕王明确回绝
- 李景隆开门献降　建文帝自焚身亡
- 齐泰黄子澄不及赴京　双双被捕整族诛死
- 坚不称臣　徐辉祖削爵软禁　铁铉不屈遭凌迟
- 方孝孺批燕贼篡位　破纪录诛尽十族
- 景清行刺失败　瓜蔓抄家乡成废墟
- 燕王登基　大封功臣

北京市版权局著作权合同登记号　图字：01-2017-9301

图书在版编目 (CIP) 数据

明朝热搜榜 . 旭日初升卷 / 黄荣郎著 . —北京：
中国法制出版社，2023.12

　　ISBN 978-7-5216-3512-6

　　Ⅰ . ①明… 　Ⅱ . ①黄… 　Ⅲ . ①中国历史—明代—通俗
读物　Ⅳ . ① K248.09

　　中国国家版本馆 CIP 数据核字（2023）第 080123 号

策划编辑：李　佳　孙璐璐

责任编辑：刘冰清　　　　　　　　　　　　　　　封面设计：汪要军

明朝热搜榜 . 旭日初升卷
MINGCHAO RESOUBANG. XURI CHUSHENG JUAN

著者 / 黄荣郎

经销 / 新华书店

印刷 / 三河市国英印务有限公司

开本 / 710 毫米 × 1000 毫米　16 开　　　　　　　印张 / 12.25　字数 / 264 千

版次 / 2023 年 12 月第 1 版　　　　　　　　　　　2023 年 12 月第 1 次印刷

中国法制出版社出版

书号 ISBN 978-7-5216-3512-6　　　　　　　　　　　　定价：48.00 元

北京市西城区西便门西里甲 16 号西便门办公区

邮政编码：100053　　　　　　　　　　　　　传真：010-63141600

网址：http://www.zgfzs.com　　　　　　　　编辑部电话：010-63141837

市场营销部电话：010-63141612　　　　　　　印务部电话：010-63141606

（如有印装质量问题，请与本社印务部联系。）